子どもの虐待はなくせる！

「安心して子育てができる社会」を考える

関東若手市議会議員の会
児童虐待防止プロジェクトチーム内
書籍プロジェクトチーム

はじめに

児童虐待防止プロジェクトチーム座長
東京都議会議員　内山真吾

「児童虐待」は、これまで光が当たりづらい問題でした。

被害者が「子ども」ということもあり、当事者が世の中に訴えることができなかったこと、また「虐待」と言われても厳しい親との違いが、一般的にはイメージしづらかったことも理由の一つかもしれません。

しかし、目黒女児虐待事件で世論は一変しました。

徐々に虐待内容が明るみになり、親に必死にゆるしをこう「反省文」とともにセンセーショナルに報じられ、多くの人に衝撃を与えました。現在では、児童虐待はニュースとして大きく取り上げられるようになり、皆様の目に止まるようになってきたのではないでしょうか。

私は関東若手市議会議員の会（通称、若市議）『児童虐待防止プロジェクトチーム＝ＰＴ』で座長を務めています。若市議とは、市区町村議会に39歳以下で初当選をして、現在45歳未満の議員で構成されている超党派の会です。

地域や党派を超えて、さまざまな政策課題について勉強し、議論する若手地方議員の政策集団です。目黒の事件から遡ること約2年半前の平成27年11月に、一つの政策テーマに絞ったＰＴを試行的に立ち上げました。

それがこの児童虐待防止ＰＴです。

初代座長の横山由香理区議会議員（東京都品川区）の、「児童虐待をなくしたい」という熱い思いに共感した仲間が集まり始動したわけですが、当時の私は児童虐待について正直よくわかっておらず、まとめ役としての事務局長を拝命したことがきっかけで学びを深めていくことになりました。

児童虐待に関連する対外的な講演会や対内的な勉強会の開催、児童養護施設や乳児院、児童相談所、一時保護所、自立援助ホーム、ネウボラに取り組む行政、虐待防止条例を独自に制定した自治体などへの視察を精力的に行っていく中で、この問題が非常に根深く、またこれまで社会から置き去りにされてきた現実を痛感しました。

当初、児童虐待というと、児童相談所や警察、児童養護施設など、東京都の管轄になるものが多いため、市区町村議員の私たち（当時、私も市議会議員でした）はなかなか手が出しづらい印象を持っていました。

しかし、結果的に私たちが議論を重ねてたどり着いた答えは、そういった対症療法的な虐待防止ではなく、「なぜ虐待が起きるのか」という根本原因へのアプローチによって、「虐待のない社会を作る」というものでした。起きてしまっている虐待への対応に、児童相談所をはじめとする現場のマンパワー不足は深刻です。人手を増やそうにも、専門人材を一朝一夕で増やすことは容易ではありません。

一方、「虐待のない社会を作る」ために、「孤立化しない子育て環境の整備を行う」という視点で考えていくと、私たちにはできることがまだまだたくさんあることに気がつきました。そして、それは虐待の有無にかかわらず、すべての親や子どもたちにとって有益な取り組みでもあるはずです。起きている事象の川上から川下に向けて、さまざまな対策、考え方がまとまっていったときに、目黒女児虐待事件が起きました。

詳しくは、当時のPTの座長で、偶然にも目黒区のたぞえ麻友区議会議員が第1章の「目黒虐待死事件をきっかけに進んだ『虐待問題』に対する認識」（P18〜33参照）で書いてくれていますが、マスコミも、世論も、このときは「虐待通報を警察との全件共有をすべし！ なぜ東京都はやらないのか」という取り締まり強化論に陥っていました。しかし私たちは、これではリスク要因を抱えている子育て世帯をさらに孤立化させてしまう危惧があり、虐待を生まない環境を作るには逆効果であると考えました。

そこで急遽、これまでの取り組みをもとに緊急提言書を作成し、小池百合子都知事に手交し、意見交換をさせていただきました。その後、ぶら下がり会見でも、なぜ取り締まり強化論ではなく、虐待を生まない社会づくりが必要なのか、記者の方々に丁寧にお話をさせていただきました。結果、その日を境に、「警察との全件共有」という論調はマスコミから少なくなり、「取り締まりの強化も議論が必要だが、それよりも虐待を生まない社会づくりが重要である」という提言書の内容が議論されるようになっていきました。

「虐待を取り締まる」という発想でできることは、児童相談所と警察の機能強化くらいしかありません。しかし、虐待を生まない社会、子育て環境を作っていくことに関しては、私たちにもできることはたくさんあります。

今、最も多い虐待死は0歳0ヶ月です。

予期せぬ妊娠が、この大きな要因の一つになっているとすれば、避妊しなかったことを責めるのではなく、妊娠がわかった後に、誰にも相談できずに悩み苦しんでいる人が匿名でも相談できる環境を整備することが重要です。また正しい性知識を持たずに、こういったケースに陥ってしまうことも少なくないことから、「性教育」をしっかりとしていくことも間接的には未来の虐待防止につながります。

「性教育は寝た子を起こす」との指摘もありますが、人工妊娠中絶率が全国平均よりもはるかに高かった秋田県が性教育の取り組みを進めた結果、たった数年で全国平均を下回りました。寝た子を起こすどころか、正しい知識を得ることで、パートナーを思いやったり、行動が慎重になったりするとの効果が報告されました。（第2章P１０２～１１３「日

本の遅れた『性教育』と児童虐待は密接に関係している」参照）

孤立化させない子育て環境の整備は、虐待防止だけでなく、すべての子育て世帯、子どもたちに恩恵をもたらします。また、子どもの障害、親のメンタルヘルスの問題、双子や三つ子などの多胎育児を、あらかじめリスクとなりえる要因として行政やまわりが理解し、必要な支援をすることで、虐待のリスクや育児負担を下げることができます。

無事、児童相談所に保護され、児童養護施設で育つ子どもたちもいます。

令和元年の厚生労働省の調査では、高校生の大学等進学率（専修学校などを含む）は73・0％であるのに対し、児童養護施設退所者は27・1％となっています。これはひとり親世帯の58・5％、生活保護世帯の35・3％と比較しても低い数字です。

各種奨学金の制度もそれなりにありますが、中退すると返済義務が生じるため、退学と同時に借金を背負って社会に出されるリスクがあり、児童養護施設職員も、「この子は4年間辞めずに続けられる」と思えなければ進学を勧めづらい状況があります。虐待などで心に傷を負っている子どもたちは、ただでさえ繊細です。当然、中退するケースも増える傾向にあります。結果的に学びを続けられなかったとしても、返済義務が生じない奨学金制度にしていかなくてはならないと思います。

原則18歳で退所をしてからは、一人で生きていかなくてはなりません。ここが、親のいる（実家がある）ひとり親世帯や生活保護世帯と大きく違うところです。ふらっと戻って来られる場所や、愚痴や悩みを聞いてくれたり、相談に乗ってくれたりする存在は、20代のうちはまだ必要です。

そこで、どのような進路を選択したとしても、退所後10年程度は継続的に施設として相談援助などの伴走型支援を行うことの重要性が指摘されています。東京都から児童養護施設に専任配置されている自立支援コーディネーターは一定の成果を挙げており、大学などの進学率の向上や、中退率の抑制、就職の定着にも良い影響が出ています。

貧困の連鎖を断ち切ることは、間接的には虐待の連鎖を断ち切ることにもつながり、学びはそのための重要な要素となります。

一方、保護されずに、人知れず虐待を生き抜いた子どもたちもいます。心身ともにさまざまな傷を抱えながら、それでも誰からの支援もなく生きていかなくてはなりません。ここにも私たちは思いを馳せていかなくてはならないと思います。

議員というのは、さまざまな職種の方々を総合的、横断的に見ることが可能です。児童虐待防止の最前線で奮闘されている民間の方々、東京都や児童相談所などの行政の方々、児童養護施設や自立援助ホーム、里親などの児童養護にかかわる方々、大学の方々、虐待サバイバーの方々など、多くの皆様からお話を伺い、議論した内容を今回本書でまとめさせていただきました。

子どもに関係する方々とともに、虐待を生まない、豊かな子育て環境を作ること。また、虐待の連鎖を断ち切っていくこと。本書がきっかけとなり、新たな児童虐待防止に向けた議論が活発化すること。

これらが今回の出版プロジェクトの目的です。まだまだ網羅されている内容は十分ではありませんが、私たちは本気で児童虐待ゼロの社会を作っていきたいと考えています。フィンランドのように、子育て支援をはじめ、川上の支援、対策を手厚くしていくことで、虐待を生まない社会を作ることは十分可能です。

私たち『児童虐待防止プロジェクトチーム』からの提言書とも言えるこの一冊をぜひお読みいただき、児童虐待に関する問題について一緒に考えていきましょう。

CONTENTS

『貧困』によるネグレクトをなくすために

豊橋市議会議員　古池もも

『ネウボラ』を参考にして、日本の家庭をもっと幸せに

町田市議会議員　矢口まゆ

第1章

自らの体験談をまじえて
～どうして私が児童虐待防止を語るのか？～

目黒虐待死事件をきっかけに進んだ『虐待問題』に対する認識

目黒区議会議員　たぞえ麻友

目黒虐待死事件とは

２０１８年３月、目黒区内のアパートの１室で５歳の女の子が亡くなり、両親が逮捕されました。

その女の子は、５歳。『結愛（ゆあ）』という周囲から愛される存在であることを示すような名前です。しかし、亡くなった結愛ちゃんの体重は12・２kg。同年代の子どもの平均体重19kgを大きく下回っています。両親が食事を摂らせていなかったことは明白です。そして、その後に公表された結愛ちゃん直筆の手記というか、継父に書かされた反省文に衝撃が走りました。５歳の子どもが書くには惨たらしい内容でした。

継父の残虐性、また実母は何をしていたのかという非難が巻き起こりました。

私が住んでいる目黒区は治安がよく、閑静な住宅街として知られています。まさか目黒区で、そのような残酷な虐待が起きていたのかというギャップも相まって、報道は過熱しました。

世論で語られていたこと

私の目から見たそのときの世の中は灰色で、絶望感や悲しみに覆われているようでした。連日の報道では、「親が悪い」「児童相談所が悪い」という趣旨の意見がたくさん流れてきました。目黒区にも、「なぜ虐待を早期発見できなかったのか」、また「なぜ救えなかったのか」という批判が多々寄せられました。

しかし、私はこの書籍をともに執筆した仲間とこの目黒区虐待死事件が起こる前から児童虐待について調査・研究をしてきて、目黒虐待死事件を起こした結愛ちゃんの両親が悪い、児童相談所が悪いという意見には同調できませんでした。

もちろん、虐待はしてはいけません。しかし、虐待を止めようと言っても、虐待をする原因が解消されない限りは止まらないという確証があります。それを説明するためにこの本を書いている側面もあります。

例えば、算数のわり算ができない子どもに対して、「何でできないの」と怒ってもわり算ができるようにはなりません。かけ算は覚えているのか、どこでつまずいているのかを突きとめ、そのつまずきを克服するために九九を覚え直すのか、ひっ算を教えた方がいいのかを見極め、それを克服してから反復練習を経てわり算ができるようになります。

レベルの違う話ではありますが、虐待も「何で虐待するの?」「なぜ、防げなかったの?」と責めても変わりません。わずかな例を除けば、親本人は虐待をしたいと思っているわけではありません。むしろ、苦しんでいます。

「なぜ両親は虐待をするに至ったのか?」
「なぜ虐待することについて悪いと思っていながら相談ができなかったのか?」

そういう風に考えることが問題解決の一歩だと思います。

また、このときに区に寄せられた批判の中には、「目黒区に児童相談所がないから防げなかったんだ！」「目黒区には何で児童相談所がないんだ！」という意見もいただきました。そのときに説明したのは、もともと児童相談所は都道府県の業務だということです。

経緯としては、２００４年の児童福祉法改正により、政令で指定された都市も設置できるようになりましたが、金沢市、明石市、横須賀市が設置するにとどまっています。

２０１６年に児童福祉法が改正され、目黒区を含む23区（特別区）も児童相談所を設置することができるとされました。このような説明をお伝えすると、なんとなく区に児童相談所がない理由は納得していただくのですが、残虐な児童虐待死事件が起きたことへの気持ちをどう整理したらいいのか、それが激しい怒りだったり悲しみだったりと、多くの方の心が揺さぶられ、落ち着かないということは理解ができました。

23区のうち練馬区を除く22区は児童相談所を設置すると表明しています。２０２０年に江戸川区、世田谷区、荒川区に児童相談所が設置され、２０２１年に港区でも設置されました。今後も、23区内に児童相談所は増えていきますが、結愛ちゃんの事件発生時には設置に向けて歩み始めたところでした。

都知事への提言に至った経緯

「親が悪い」
「児童相談所が悪い」

こういう論調が進むにつれ、警察の存在についても言及がありました。児童相談所が警察と一緒に結愛ちゃんの安否確認に行き、踏み込めば救えたのではないかという想像上のストーリーだと思います。それがこの事件では「全件共有」という四文字に凝縮され、声の大きな人が少しずつ注目されるようになりました。

私の個人的な見解ですが、政策というのは、ち密さやデータ分析に基づくようなものではなく、強く言う人の意見がもっともらしく聞こえ反映されることは多々あります。

この「全件共有」という言葉も「親が悪い」に対して警察が入るという勧善懲悪が人々の心を捉えたように思います。しかし、私たちは「親が悪い」では児童虐待はなくならないということが信念としてありました。

私たち自身も子育てをしており、事件が発生したとき、うちの3番目の末っ子は結愛ちゃんと1歳違いでした。そのような子育て真っ最中の私たちにとって児童相談所は相談先というよりも、虐待と思われて通告されたらどうしようとおびえの対象でした。児童相談所が家に訪問してくることは、親として失格の烙印を押されたような気持ちになります。そこに対し、さらに警察がセットで訪問して来たら、自分の育児は犯罪と思われているのかと通告した人を恨むうえ、そこから心を許して児童相談所を頼る気持ちにもなりません。

私たちは地方議員ですが、子育てしている親でもあります。「全件共有」で強制的な介入を強めることよりも、子育てを見守り、児童相談所はその名のとおり相談される存在になること、つまり安心して子育てができる環境を作ることを優先してほしいと考えました。

そして、「全件共有」ではなく、子育て支援を進めてほしいと伝える先は誰かと考えたとき、警察と児童相談所を管轄しているのは東京都です。そこで都知事に伝えようということで２０１８年６月15日に都知事に直接お会いし、提言をしました。

「児童虐待のない社会を実現するための緊急提言」
～地域全体で子どもを育てる社会～

平成30年6月15日

東京若手議員の会
児童虐待防止プロジェクト

平成 30 年 6 月 15 日

東京都知事
小池百合子殿

東京若手議員の会
児童虐待防止プロジェクト

<はじめに>
私たち、東京若手議員の会『児童虐待防止プロジェクト』は、平成 27 年 11 月に発足し、児童虐待防止に関して調査研究活動を重ねてきました。当プロジェクトの特色は、政党のように統一理念や思想の旗印を掲げず、児童虐待という課題を解決したいという目的や共感で結ばれていることです。

プロジェクトメンバーは無所属を含む超党派の議員で構成され、現役で子育てをする者、マイノリティの当事者や実際に虐待問題にかかわる者など多様です。

私たちは約 2 年半の間、児童相談所、児童養護施設、乳児院、子育て世代包括支援センター、JKビジネス及び性教育などに関する視察、勉強会、及び講演会の開催などによって、児童虐待防止にかかわる現場の方々のお声を伺いながら、現在の制度や背景などを学んできました。

平成 30 年 3 月に東京都目黒区で発生した児童虐待死事件（以下、「本件事件」という）について、同年 6 月に警視庁が明らかにした児童の手記は日本中に大きな衝撃を与えました。

そして、本件事件を契機として、政治がすべきこともまた問われました。そこで、これまで私たちが自分事として捉えながら取り組んできた、児童虐待防止の調査研究を踏まえ、以下、東京都知事に対し、緊急提言を致します。

<私たちの児童虐待防止に対する見解>
本件事件を含む児童虐待事件が報道されるたびに、「保護者が悪い」「警察が悪い」「行政が悪い」などの言葉が社会に飛び交います。もちろん、それぞれが有すべき責任が問われることは当然です。しかし、これらの言葉が何度叫ばれようとも、児童虐待が減少することはありません。

保護者が子どもに虐待を行う背景には、社会的孤立、経済的困窮、保護者や子どもの疾患、保護者が過去に虐待を受けた経験など、さまざまな要因があり、児童虐待は保護者の「SOS」でもあります。

また、調査研究の中で、虐待を受けた子どもたちが中高生になってから、学校、家庭、地域及び行政とのつながりが薄くなる傾向があり、貧困や虐待の連鎖を生む構造が見えてきました。多くの問題が複雑に絡み合うことが児童虐待の大きな課題であり、児童相談所のみで解決できる問題ではないと認識しています。

真に必要なことは、保護者が虐待という「SOS」を出す前に、保護者と子どもが支援を受け、自立できる社会の形成です。そのためには、子育てをする保護者を見守ることや、保護者が子どもに愛情を持って接することのできる生活環境を整えること、そして、虐待を受けた子どもたちが自立するための支援を行うことが必要です。つまり、社会全体で子どもを育てる土壌を作り上げることが重要ではないでしょうか。

例えば、児童相談所への通告については、児童相談所全国共通ダイヤル「189」の浸透と、児童虐待の定義に面前DVが追加され、通告件数、児童虐待の相談件数、認知件数が増えたことにより（※1）、児童相談所への負担がさらに大きくなっています。そこで、地域においては子育てを見守り、支え合い、通告に至る前に、児童虐待の未然防止をすることが大切です。現在、増加する通告や相談に対応する児童相談所では、保護者への支援の際の関係機関との連携が不十分だということが児童虐待防止法（平成28年10月施行）の親子関係再構築についての考え方で示されています（※2）。子どもにとっては、虐待をする保護者であっても保護者であることに変わりはありません。子どもが保護者と安心して暮らすためには、保護者が虐待をせずに子どもを育てるための支援が必要です。

＜提言＞

●早期に、関係機関と本件事件に関する調査を進め、報告してください。

東京都児童福祉審議会は、児童虐待死亡事例など検証部会の中で本件事件について特化した報告書を作成することを決定していますが、事態の重大さに鑑み、通例にとらわれず、年度内の報告を要望致します。また、香川県からの対面引き渡しなど、都道府県をまたがる各児童相談所間の連携についての議論も早急に行うべきです。東京都の児童虐待死亡事例など検証部会、香川県の検証委員会、国の社会保障審議会が連携しながら検証作業を進め、全国の児童相談所や子ども家庭支援センターなどに結果を共有してください。

●児童相談所のイメージを子育て支援施設に刷新してください。

当プロジェクトのメンバーの多くは、子育てをしながら議会活動をしています。同世代からは「赤ちゃんが泣きやまないとき、子どもを叱るとき、近隣住民から虐待をしていると思われるのではないか？　通告されるのではないか？　保護者失格ではないか？」と、不安の声が寄せられています。つまり、児童相談所への通告は子育て世代にとって不安材料になっている側面があります（※3）。児童相談所は子育ての相談などを受け付ける子育て支援のための機関です。児童相談所は虐待対応だけでなく、子育てを支える施設だということを周知してください。

●本件事件の調査報告を踏まえ、全国の児童相談所、子ども家庭支援センター、警察との連携を検討してください。

本件事件において、目黒区の子育て家庭支援センターへの当該家庭に関する情報の第一報は、善通寺市子ども・家庭支援センターから伝えられました。現在、特別区による児童相談所設置の検討が進むなか、児童相談所の構造的課題を解決するためにも、児童相談所と子ども家庭支援センターとの情報の整理と連携の強化を進めてください。

また、警察との連携において、児童相談所から警察に情報共有する事案の範囲については、都でも検討を進めると聞いています。警察との連携は進めるべきだと考えますが、一方で、保護者が児童相談所に相談しにくくなる恐れがあります。児童虐待防止に関する対策を最優先にしつつも、誤解を生まないような周知を行ってください。

●今後の児童虐待を防止するために、中長期的な視点で子育て支援、青少年育成の拡充をしてください。

子育て世代包括支援センターの設立、産前産後ケアなどの保護者に焦点を当てた子育て支援を拡充してください。また、子育てを学ぶ機会（叩かない子育て、しつけと虐待を混同しない、赤ちゃんふれあい事業、命の大切さを学ぶ体験活動、将来的にDVが起こらないパートナーシップの築き方など）を創出してください。青少年健全育成と公衆衛生対策の観点から、性感染症や予期しない妊娠/計画していない妊娠を防ぐための行動選択を若い世代へ普及啓発してください。

●「自分に何ができるか」という声があがっている今だからこそ、地域で子どもを育てる大切さを広く周知してください。

日本最大の都市、東京では、地域のつながりが希薄化しています。一方で、私たち地方議員が地域で活動する中では、子育てを見守り、支え合う活動は多数見受けられます。地域全体で子どもを育てる風潮を作るきっかけとして、これらの活動の周知や支援をしてください。

＜プロジェクトメンバー＞

座長	たぞえ麻友	（目黒区議会・都民ファーストの会）
前座長	横山由香理	（品川区議会・自由民主党）
事務局長	内山真吾	（東京都議会※昭島市選出・都民ファーストの会）
石坂わたる		（中野区議会・無所属）
岩永ひさか		（多摩市議会・無所属）
遠藤ちひろ		（多摩市議会・無所属）
おぎの稔		（大田区議会・日本維新の会）
菊地秀信		（荒川区議会・公明党）
子籠敏人		（あきる野市議会・自由民主党）
笹岡ゆうこ		（武蔵野市議会・無所属）
西崎つばさ		（目黒区議会・立憲民主党）
本目さよ		（台東区議会・無所属）
松永吉洋		（品川区議会・国民民主党）

●東京若手議員の会とは

全国若手市議会議員の会 東京ブロックの通称です。
発展に寄与することを目的として設立されました。

●全国若手市議会議員の会とは

35歳以下で当選した45歳未満の地方議員によって構成され、高い理想と志のもとに地方自治に参画する若手地方議員が研讃し合い、民主主義と地方自治の発展に寄与することを目的として設立されました。

平成27年12月	講演会「児童虐待防止講演会」開催、「子供の家」視察 ・児童養護施設「子供の家」施設長・早川悟司氏 ・NPO法人タイガーマスク基金　代表理事・安藤哲也氏 ・大阪府認定子ども家庭サポーター・辻由起子氏
平成28年3月	児童養護施設「聖友学園、聖友乳児院」見学・保育体験
平成28年4月	「東京都子供家庭総合センター」視察
	わこう版ネウボラ事業「和光市南子育て世代包括支援センター」（埼玉県和光市）視察
平成28年5月	全国若手市議会議員の会にて当プロジェクトの活動報告
平成28年11月	「浦安市の子どもをみんなで守る条例」（千葉県浦安市）勉強会
	「児童虐待の防止及び子育て家庭への支援に関する条例」（東京都武蔵野市）勉強会
平成29年3月	大阪府茨木市 辻由起子氏主催 「女子会（虐待およびDV当事者の互助会）」参加
平成30年2月	講演会「辻由起子氏と児童虐待の根本解決に向けて前進するための勉強会」開催 大阪府認定子ども家庭サポーター・辻由起子氏
平成30年5月	「南部すこやか福祉センター」 「療育センターゆめなりあ」（東京都中野区）視察
平成30年6月	「風テラス（風俗ではたらく人のための無料生活・法律相談サービス）」勉強会

＜おわりに＞

私たちは引き続き、本提言を実現することに全力を尽くし、児童虐待をめぐるさまざまな課題が解決するまで努力を続けていきます。

本提言をとりまとめるにあたり、講演会、勉強会などにおいて、ご協力をいただきましたすべての関係者の皆様に厚く御礼を申し上げます。

マスコミの反応

知事に提言を行った後、都庁の担当記者によるいわゆる『ぶら下がり』という取材に対応しました。初めてのことなので緊張しました。印象的だったのが、ある記者が私たちに対して「なぜ、今になって提言したのか。結愛ちゃんの手記が発表され、話題になり注目されたから提言したんですか?」という質問をしてきたことでした。好意的ではない態度は明らかでした。

それに対して、私は憤りながらもはっきりと「私たちは結愛ちゃんの事件の前から児童虐待防止について研究をしてきました。これまで、結愛ちゃんの手記が出て児童虐待が注目されたことはもちろん理解していますし、だからこそ提言するときだと思いました。また、お言葉を返すようですが、マスコミの方は、結愛ちゃんの手記があったからやっと児童虐待について取り上げたんでしょうか。児童虐待死で最も多いのは、0歳0か月0日に亡くなっている言葉も話せない、手記も書けない子たちです。その子たちは取り上げてもらえないんでしょうか」と申し上げました。

その質問をしてきた記者は「ふーん」という様子でしたが、まわりの記者の方は理解してくださったように感じました。ある記者の方は、継続して児童虐待について取材し、ニュースとして取り上げていきますとおっしゃってくださいました。こういうところから、変化が始まるんだと思った瞬間でした。

結果として、それまでマスコミが結愛ちゃんの児童虐待死事件の解決策として取り上げてきた「全件共有」は東京で進むことはありませんでした。都知事からは警察との連携はしていく、また社会で見守る環境づくりを進めるという方針が発言されました。

児童相談所は限界にある

目黒区議会議員として、目黒区政をチェックする立場として、目黒区の子ども家庭支援センター（児童虐待の対応をする区の部署）の対応はどうだったのかを最後に説明させてください。

結愛ちゃん一家は香川県善通寺市に住んでいましたが、継父が先に一人で目黒区に引っ越しています。２０１８年1月に香川県の児相は引っ越しを契機に指導措置を解除し、それにより結愛ちゃんを見守る体制がぽっかり空いてしまいました。その後、結愛ちゃんと母、そして弟が目黒区に引っ越してきます。

指導措置を解除していなければ、香川児相は品川児相に結愛ちゃん親子を対面で引き継ぎに連れていく義務があります。また香川県は電話で引き継ぎをするつもりだったようですが、品川児相は資料の提出を求め、香川県の児相はその要求に応えた形です。この一連の動きの中に目黒区は出てきません。目黒区内の緊急性の高い児童虐待案件は東京都の品川児相が担当し、目黒区に共有されることはありません。

しかし、香川県善通寺市が念のために目黒区の子ども家庭支援センターに情報提供をしてくれたおかげで、目黒区は品川児相に掛け合い、この件にかかわるきっかけを得ました。

3月に5歳だった結愛ちゃんは、4月には目黒区立の小学校に通うことになるはずでした。だから、目黒区子ども家庭支援センターは小学校の入学説明会に結愛ちゃんのお母さんが来るのではないかと張り込んでいたそうです。目黒区の子ども家庭支援センターは自宅に訪問するなどの権限はありません。そのような中でできることを模索して行動していたと、私は受け止めています。

そして、香川県の児相についても措置を解除したことなどに批判もありましたが、どこの児相も人員は不足していて、一つひとつのケースに真摯に向き合うことができません。

だから、誰が悪いではなく、児童虐待が起きてから対応することの限界を認識し、児童虐待を起こさない予防の観点として子育てするのが楽しい、子育ての不安がない環境整備をすることが遠回りなようで近道だと思っています。

『被虐待当事者』として虐待解決に向けた思い

町田市議会議員　東友美

前置き「私の母に対する記憶」
～Facebookの限定投稿より～


母は49歳のときに病気で死んだ。

「死にたくないー！　友美死んでー！」という言葉を体力のギリギリまで叫びながら。

10月6日。母の命日。

母がいつ死んだかをちゃんと覚えていられなくて、とうとう今年はFacebook（フェイスブック）に教えてもらうまで思い出さなかった。

母が私の誕生日を忘れたのと同じように。

私は母が嫌いだし、母も私を嫌っていた。

死ぬ少し前、意識がまともにないであろう母はよく叫んでいた。ほとんどが「わー！」とか「あー！」とか意味のない言葉だったけれど、意味のある言葉を一つだけ言っていた。それが「死にたくないー！　友美死んでー！」だった。母はその言葉を何度も繰り返し叫びながら死んでいった。

母は、私が幼い頃から常に私に強く当たっていた。母が私を憎んでいたのは昔から知っていたけれど、朦朧としている中で「死にたくないからお前代わりに死ね」と言うほど嫌いだということには笑ってしまった。朦朧としている中で叫ぶというのは、常に心の底に持っている気持ちだと思う。そんなに嫌いならとっとと手放せば良かったのに。

母はとにかく私を押さえつける人間だった。言葉と暴力で。幼い頃から母に何かを話すと「うるさい」と叩かれていた。私が子どもの頃なんて20年も30年も前で、その時代は親が子を叩くなんて当たり前のことだった。

けれど、母はちょっと尋常ではなかった。話すたびに怒鳴られ叩かれ続けた私は、極端に口数の少ない子どもになった。話したくないんじゃない。話したくても声が出ない。「お母さん」と呼ぶだけで母に怒鳴られていた私の喉は声を出すことそのものに恐怖を覚えてうまく機能しなくなっていった。

必要なときは蚊の鳴くような声でようやく話す程度だった。今もそこはあまり変わっていない。普段からもっと大きな声を出そうと努力はしているけれど、大抵首を絞められているような感覚が襲ってきてそれ以上大きな声は出せなくなる。それでもたまには大きな声を出すことに成功するようになってきたし、日常的な声も昔とは比べものにならないほど大きくなった。これでもね。

母が47歳、私が26歳のときに母の病気が発覚した。末期のすい臓癌。発覚時点で余命3ヶ月と言われた。その直後、入院した母へ荷物を届けに行った私に母はこう言った。

「まさかこんなことになるなんてね」

それを聞いた私はびっくりしてひっくり返りそうになった。そして、口から飛び出しそうになった言葉を叩かれる恐怖とともに飲み込んだ。

「お母さん、怒鳴らなくてもしゃべれるんだね」

私は母のこの言葉を聞くまで26年間ずっと母の怒鳴り声しか聞いたことがなかった。そのことに気がついたのは、まさにこの言葉を聞いたとき。母が私ではない誰かと話しているときは怒鳴らず、普通に話をしていたはずなのにまったく思い出せない。

「信じられない！（母の口癖で毎日のように私はこの言葉を怒鳴り声で言われていた）」

「まさかこんなことになるなんてね」

「死にたくないー！　友美死んでー！」

私が覚えている母の声は三つだけだ。


この内容は、私が2017年に自分のFacebookに限定投稿した文章の一部を改編したものです。

今は、その頃からさらに母の記憶が薄れ、母の声はもうまったく思い出せません。私と血縁関係にある両親（離婚したり再婚したりと、親が複数いるうえにこの時点での父親は今の私にとって親でも何でもないので、「（私と）血縁（関係）の両親・父」という表現を用います）は昔の表現でいうところの「できちゃった婚」でした。

母が21歳のときに私ができてしまい、そのまま結婚したのだと思います。血縁の両親にとって、家族になる準備も親になる準備もできないままに私が生まれてしまったのだと感じています。

私が覚えている最初の記憶は、休日に家族で出かけようと朝から母がお弁当を準備していた1日のことです。

血縁の父は朝一人で出かけ、夕方にようやく帰ってきました。

お弁当は家で母と食べました。

このようなことが何度も何度も続き、何年も経ってから血縁の父が家族をほったらかしにしてパチンコに行っていることが発覚しました。

血縁の父のことをあまり詳しくは書きませんが、その後も仕事を勝手に辞めたり、家じゅうのお金を持ち出して失踪したりしていました。血縁の父の年齢は覚えていませんが、おそらく母と同じで若くして思いがけず急に親になったのでしょう。

自分勝手に生き、家族のことなんて一つも守ることなくぐちゃぐちゃにし、いなくなりました。

そのような相手と一緒に家庭を持つことにした母は本当に苦労したと思います。そして、母はそのストレスを長女である私にぶつけることを選びました。

母は私にだけ虐待する

母は一人で子育てを頑張っていました。

仕事、家事、子どもの世話…何でもこなすことのできる能力の高い人だったと思います。仕事はずっとパートとして働いていましたが、本来正社員が行うような管理業務を任され、与えられた役割を的確に行うことのできる人でした。職場での人望も厚かったと思います。業務時間中に終わらない仕事は家に持ち帰り、子どもの相手をしながら器用に事務仕事をしていました。このような中でも家事をきちんと行い、食事、洗濯、掃除…滞りなく何でもこなしていました。時には子どものために洋服を手づくりしたりと、自分のために使う時間はほとんどなく、時間もお金もほとんど家族のために使う母でした。

また、子どもとの関係も良好でした。母はよく愛情を注いでいたと思いますし、子どもも母を頼っていたと思います。完璧と言ってもいいような、とても良い母だったと思います。

そこに私さえいなければ。

ほかの兄弟に対しては、母は本当によく愛情を注いでいました。私はよく、笑っている母と兄弟の声を聞きながら一人子ども部屋にこもっていました。時々、どうしてもトイレなどで自室を出ることもあるのですが、その姿を母に見つかると必ず怒鳴られました。何か怒られるようなことをしたわけではありません。

子ども部屋ができる頃には、母は私の姿を見るだけで反射的に私を怒鳴りつけるようになっていたと思います。そして、声が出ずに返事も何もできない、おびえるだけの私に対して母はさらに厳しく怒鳴るか、「返事もできないのか」とバカにして笑うか、のどちらかでした。

このようにいつの頃からか、母に姿を見られるだけで怒鳴られるようになっていた私は、常に母に対して恐怖を感じるようになりました。小学校低学年の頃にはすでに、仕事を終えた母が帰ってくる足音におびえ、毎日パニックになっていました。できるだけお利口にして母を出迎えるのですが、そのたびに毎日理由もなく必ず怒鳴られました。何か怒られる具体的な理由があるときは叩かれ、どんなに寒くても暑くてもベランダに出され、鍵をかけられました。

このような状況だったので下の兄弟が大きくなってから子ども部屋ができたときには本当に嬉しかったです。

ほかの兄弟も使う子ども部屋のプライバシーを母は尊重していました。結果として母は子ども部屋に入ってこなかったので、私の居場所となりました。子ども部屋だけが私を守ってくれました。

私がベランダに出され寒さに震えているときでも、ほかの兄弟に対してはいつも母は本当にいい親だったと思います。私は子ども部屋でもベランダでも、ほかの兄弟と母が楽し気に話し、笑う声を聞いていました。

いつだって私の存在は無視されていました。

「お母さん」と呼ぶだけで「話しかけた」という理由で叩かれました。

「お母さん」と呼ぶ声が「小さい」「声の出し方が気に食わない」という理由でお仕置きをされました。

母が私の話に耳を傾けてくれることはほとんどありませんでした。母から私に話をしてくれることもほとんどありませんでした。

長女である私と母の関係

当時も感じていましたが、大人になった今振り返っても母が怒鳴りつける内容には意味がない、あるいは怒鳴ったところで仕方がないようなものが多く、ほかにも兄弟のいる中から私を選んで言う内容でもなく、明らかに「私に対して怒鳴る」ことが目的となっていたのではないかと思います。

怒鳴りつけられておびえる私を見る母の嬉しそうな、勝ち誇ったような目が今でも忘れられません。

私は長女ですが、「長女と母の確執」はかなり多く指摘されています。ちやほやされていた女性が、ある日「○○ちゃんのママ」になる苦悩、ちやほやされる対象が「自分」から「娘」に変わる憤り、自分の人生を犠牲にしたのに思いどおりにならない娘、娘が女に見えたときに生じる嫉妬、娘が同性だからこそ生じる「私の方が優れている」という同性同士のマウント…長女が同性で年齢的にも一番近い存在であることから母親の攻撃対象になりやすいことは多くの研究によって知られています。

これらが入り交じり、その気持ちを自分の中で整理できなかったときに、自分のバランスを取ろうと長女を攻撃するのではないでしょうか。

また「長女と母の共依存」も多く指摘されています。

共依存とは、双方が相手に依存していることです。

私の場合には、自分が辛い原因が母であることをよく理解していたにもかかわらず、私はそこから逃げようとはせず、母が死ぬまでずっと母と一緒に暮らしていました。

このような状況でも私は母に認められたいと願い、母に気に入られるための努力を重ねました。どんな状況にあっても私は所詮母の子どもで、「母に認められたい、愛されたい」という気持ちを持っていましたし、私がいなくなると母がひとりぼっちになってしまうと思っていました。そして、母も「無意味に怒鳴る私」を受け入れる長女の私に精神的に頼っていたと思います。

共依存は長女と母の関係の良し悪しにかかわらず発生することが多くの研究から指摘されています。

母との関係で私の中に残ったもの

このような環境で育った私は、自殺念慮を持つようになりました。子どもの頃から「どのように死ぬか」を考えていました。どのように死んだら一番母を後悔させられるか。どのように死んだら一番母を苦しめられるか。

こんなことを毎日ずっと考えていました。そして、このような環境で育った私の心と脳は生きることに向かないように形成されていきました。

毎日がただ苦しいだけでした。同級生が喜んでいるときにも、笑っているときにも、私には「楽しい」という感情がわからなくなっていました。

なぜ私が議員として活動するのか？

私の家族はここに書いた内容だけではなく、血縁の父のことを中心に数え切れないほどの問題を抱えていました。それにもかかわらず、誰にも相談しないまま家族だけで問題を抱えていました。

例えば、私は「母とずっと一緒に暮らしていた」と書きましたが、後で振り返ると、この選択は明らかに間違っていたと思います。私は「親に認められたい、愛されたい」と願っていたと同時に、「お前は無能だ、お前一人では何もできない」と言われ続けていたので「家を出る」という選択肢がそもそも思いつきませんでした。

洗脳状態になっていたのだと思います。

その証拠に母の愛を受けて育ったほかの兄弟は早々に家を出て一人暮らしをしていました。ほかの兄弟は家族外の人間関係も良好で、的確なアドバイスをしてくれる人と出会っていたのだと思います。

私には、そして母にもそのような相手はいませんでした。

今でも、私と同じようなケースはたくさん発生しています。多くの方が苦しんでいます。そのようなときに私や母と同じ過ちが繰り返されませんようにと、そう願い、議員に立候補しました。そして、少しでもそのような事態を改善するために、関東若手市議会議員の会「児童虐待防止プロジェクトチーム」の仲間と一緒に活動しています。

『孤独な子育て』を経験した私が行政に求めること

町田市議会議員　矢口まゆ

子どもを産むまでの私

私は、議員としては割と珍しく、子育て中の専業主婦から選挙へ立候補しました。周囲からは意外だと言われますが、もともと家庭のあり方については保守的な考えが強く、父親は外でバリバリ働き、母親が子育てや家事をすべて担当するという家庭を理想としていました。

今となっては会食や飲み会も私の方が圧倒的に回数が多く、家事育児も完全に夫と分担している我が家です。しかし、理想としていたはずの専業主婦のときよりも、今の共働き生活の方がストレスも少なく幸せです。夫婦仲も随分と良くなったと感じています。

18歳で進学のために北海道から上京。2年制の専門学校を卒業後、20歳から働き始めました。その後、22歳で結婚した私は、24歳で妊娠。基本的に働くことが大好きなタイプで、仕事が楽しくて仕方がなかった私は、30歳くらいまでは仕事に集中したいと思っていました。しかし、「早めに子どもがほしい」という夫の強い希望もあり、24歳で妊娠しました。当時、私の友だちで子どもを産んでいる人はいませんでした。

母親は家庭に。

そのイメージが非常に強く、子育てをしながら働くことは1ミリも考えませんでした。そのため、大好きな仕事を手放し、勤めていた会社も妊娠中に退職しました。

子育ての実態、現実を知る機会がなかった妊娠中

退職後は早めに里帰りしました。おそらく、妊娠8ヶ月くらいで実家のある北海道に帰っていたと思います。その頃、出産後は3時間おきの授乳になるとか、熱いラーメンを食べられなくなるとか、静かなお店には行けなくなるとか、一人でゆっくりお風呂に入れなくなるとか、いろいろな情報をインターネットで集めていましたが、「すべての母親がこれを乗り越えているのだから、私にできないことはない」と考えていました。

子どもを産み育てることは人として普通の行為であり、普通の人間には当たり前にそれをこなす能力があると思っていたのです。この頃、まだ一般的に行われていなかったからなのか、妊婦面接なども実施がありませんでした。そのため、妊娠中に自治体の支援で利用したのは両親学級のみで、今思うと産後にどんなサービスがあるのかも、困ったら誰に頼れば良いのかもわからないまま里帰りしてしまっていました。そもそも自分が行政のサービスを必要とするような状況になんてならないと思っていたのです。

産後、東京に帰って直面した現実

実家にいたときも夜中の授乳は大変ではありましたが、まだ25歳で若く、常に母親がサポートしてくれて、細切れの睡眠でも体力的に辛いと思うことはありませんでした。ご飯は親が用意してくれるし、お風呂の間も私の代わりに子どもの面倒を見てくれます。トイレに行くときも親があやしてくれるし、『人としての尊厳』は保たれていて、当時は子どもを虐待する親の気持ちなどこれっぽっちもわかりませんでした。

飛行機で帰るため、生後3ヶ月を過ぎてやっと東京に戻りました。そこで早々にぶち当たったのは夫との意識の違いでした。生まれたばかりの赤ん坊が来るのだから、部屋の中は徹底的に掃除がしてあるはずで、お風呂もピカピカにしてくれているだろうと期待し東京に戻りましたが、夫は半年近く一人暮らしをしていたのですから、そうもいかない状態でした。それから子どもが1歳になるくらいまでは、本当に辛い日々でした。

トイレに行けない。病院に行けない。布団で眠れない

夫は週に一度しか休みがありませんでした。帰宅は毎日21時頃で、1日中一人で子育てをしなければなりませんでした。頼れる親族も、友人もいない状況での子育てでしたが、専業主婦の私が子どもを誰かに預けられるようなサービスがこの世に存在することも知りませんでした。

毎日の買い物や散歩のときには、ベビーカーで入れるトイレがなくて我慢することも多々ありました。さらに、夜泣き問題も深刻でした。隣の部屋の住人に迷惑をかけては困ると思い、少し泣くとすぐにおっぱいをくわえさせるか抱っこしてあやしていました。

結果、連続で眠ることができても長くて30分程度という状況が数ヶ月間続きました。限

界が来ると娘を抱っこ紐で抱っこして、ソファーに座って寝ました。（この方法は、今思うと窒息の可能性があり、危険でした…）

そんなある日、突然の高熱とともに真っ赤な血尿が。土日でしたが、夫は仕事だったため、近所の救急のある病院に電話をし、「子どもも一緒に行ってもいいですか」と尋ねました。すると「お子様は連れて来ないでいただけますか」と言われてしまいました。

このとき、「あー、そうか。子どもを産むと、トイレにも行けない、寝ることもできない、病気になっても病院にも行けないのだな」と絶望しました。一度電話を切って、自分の症状をスマホ（スマートフォン）で調べると、入院の可能性もあるかもしれないとわかり、もう一度電話をしてなんとか受診させてもらいました。

子どもが生まれた後、何度も限界になった

子どもが泣き止まなくて、心身ともに極限状態になったときが何度かありました。そのとき、私は放置という行動をとりました。寝室のベビーベッドに娘を置いて、安全を確保したうえで、その寝室の扉を閉め切り数分間放置しました。

この方法は、実は出産した病院で教えてもらった方法です。しかし、その方法でも気持ちを保てず、ベッドに子どもを乱暴に置いたこともありました。ベッドなら子どもはケガをしないとわかったうえでのことです。

ケガはさせたくないけれど、極限状態のイラつき、衝動を抑えることもできず、そのときの私にできる必死の抵抗でした。その頃には、「あぁ、こうやってエスカレートして虐待になるのだな」と自然に虐待してしまう親の気持ちを理解していました。

心の救いとなった『子育て支援センター』

生後3ヶ月で東京に戻ってからは、しばらくはベビーカーや抱っこ紐で買い物や散歩をする日々でした。生後7ヶ月頃には、少しずつ動きも活発になり、遊びに行く場所がほしいと感じるようになりました。

そこで、ようやく自治体の子育て支援の存在に気がつきました。調べてみると、どうやら徒歩7、8分のところに『子育て支援センター』という子どもを遊ばせる場所があると知り、行政のやっている支援なんて古臭いつまらないセンターだろう（苦笑）と思いつつも、ほかに行く場所もなかったので行ってみることにしました。

ですが、実際には初めて訪れたその日から、夫が家にいる日とセンターの休館日以外は毎日のように通いました。今振り返ると、センターがなければ虐待をしていてもおかしくなかったと思っています。

センターには、常に3名ほどの保育士がいました。保育士が利用者に話しかけてくれるので、誰とも話せなかったとか、寂しい思いをしてしまったとか、そういったことは一度も起こりませんでした。また、私と同じようにほぼ毎日のようにセンターに通う親子がたくさんいたため、通い始めてすぐに「そこに行けば必ず知っている親子と会えるし、話ができる」という状況でした。

なぜもっと早く来なかったのだろうと、後悔しました。センターでは、親がトイレに行くときには常駐している保育士が子どもを見ていてくれたのですが、この頃の私には一人でトイレに行けるだけでも泣けるほど嬉しかったことをよく覚えています。

子どもの預け先が見つからない

支援センターに通ううちに、行政のチラシを目にするようになりました。そこで、初めて一時保育の存在を知りました。専業主婦の私には、一時保育の料金は非常に高額に思えましたが、2~3時間でいいから一人で眠る時間がほしいと思い、申し込みすることにしました。

ただ、一時保育は非常に人気が高く、すぐに申し込みができるものではありませんでした。記憶があいまいですが、予約のために電話をすると、すでに予約が埋まっていること、争奪戦で予約開始日の朝にすぐに埋まってしまうことなどを聞かされました。それ以来、「子どもを預けられる先はどこにもないのだ」と思っていました。

子どもが1歳になる少し前のタイミングで、引っ越しが決まりました。センターの先生に引っ越すことを話すと、「引っ越しの準備中に子どもを見てくれる人はいるの? 引っ越しを理由に、ここで子どもを預かることができるのよ」と声をかけてくれました。それまで、私はそのセンターで子どもを預かってくれることをまったく知りませんでした。一時保育がダメなら、もう何一つ残された道はないと思い込んでいたのです。

病院に行く場合、引っ越しの場合など、条件付きではありますが、そのセンターでも保育の利用ができたのです。

そして、産後初めて、子どものいない家でたった一人で過ごしました。引っ越し準備で休む暇はありませんでしたが、今でもあのときの何とも言えない開放的な気持ち、一人でお昼ご飯のパンを食べる時間に幸せを感じたことを鮮明に覚えています。

引っ越し先で新たな問題に直面

当時、前述した子育て支援センターのような場所は、日本全国どこにでもあると思っていました。引っ越し先の町田市でも、毎日同じくらいの子どもを持つママがセンターに集まっているのだろうと思っていました。前に住んでいた自治体は子育て支援センターという名称だったため、同じ名前の施設を探しましたが見当たらず、調べてみるとどうやら『子どもセンター』という施設が同じような役割を果たしているようでした。

そこで、引っ越した後、すぐに子どもセンターを訪れましたが、その後、そのセンターに遊びに行くことはほとんどありませんでした。なぜ遊びに行かなくなったのか。それは、初めてセンターを訪れた日、一人もほかの親子が来なかったからです。

また、以前通っていた子育て支援センターのように、センターの人が声をかけてくれることもありませんでした。さらに、プレイマットなどもなく、1歳前後の娘の居場所になるとも思えませんでした。初めて子どもセンターに訪れたとき、子どもと二人きりで寂しくてたまらず、ここでは私の居場所はないのかもしれないとまで感じました。

その後、子どもセンターではなく、認可保育園の園庭開放や、園内でのイベントなどに行くようになり、次第に町田市での子育てのペースがつかめるようになりましたが、最初の2～3ヶ月はどこに行けばいいのかわからず、精神的にも非常に不安になっていました。子どもセンターには議員になってからマットの設置を要望し、現在は乳幼児でも過ごしやすい子どもセンターになっています。

どこがどう違えばよかったのか。行政の子育て支援に8つの提案

こういった私の実体験から、何がどう違えば虐待リスクを下げられるのか考えてみると、次の8つが挙げられます。

①産後、すぐに支援センターなど子育て支援施設に行こうと思えるような工夫。例え

ば、妊婦のときにセンターで妊婦面談や両親学級を行って雰囲気を知っておいてもらう。

②行政サービスへの抵抗や無関心は妊娠中のサポートでなくしておく。古臭さを感じない、おしゃれなリーフレットやホームページの作成など。

③両親学級における父親対象の内容を充実させ、父親は手伝う立場ではなく、共同責任者であることを理解できるようにする。

④一時保育の充実など、「預けたいときに預けられる保育の量の確保」と、一時保育の各保育園の空き状況がわかりやすい仕組みや予約が気軽にできる工夫。オンラインの予約システム活用など。

⑤病院受診時や入院時に利用できる自治体の保育サービスを病院でも把握し、患者に案内できるようにしておく。

⑥新たに引っ越してきた未就園児の子どものいる家庭向けに、自治体の子育て支援サービスの情報提供に力を入れる。例えば、転入届の際にそのまま子育て支援課などに案内して説明をするなど。

⑦どうしても極限状態になったとき、子どもに手を出したり、一緒に命を絶つ前にでき

る対策について、退院前に必ず伝える。
⑧里帰り出産の場合には父親と母親で育児のスキルに差が出てしまったり、父親に自覚が生まれるまで時間がかかるため、母親の里帰り中の父親には特別講座などを実施する。

一見虐待予防ではない支援が、虐待を減らす

8つの提案は、虐待リスクの高い低いに関係なく、多くの子育て家庭が必要としているものであり、低リスクだった家庭が高リスクになるのを防ぐ効果もあると考えます。

例えば、私はおそらく第一子の子育て中に低リスク家庭とみなされていたはずです。行政が気がつくタイミングがなかっただけで、実際には高リスク家庭になっていた時期があったと思っています。そのとき、この8つの提案がもしすべて実施されていたら…。低リスクから高リスクに上がってしまうこともなかったでしょう。

このような、一見虐待予防には見えない子育て支援が、川上からの虐待予防となり、虐待の起こりにくい環境を作っていくのではないでしょうか。

COLUMN

妹の子に危うくネグレクト。子どもがいない私の育児体験

多摩市議会議員　遠藤ちひろ

子どもがいない私に子育てはできるか

2年ほど前、下の妹に初めての子どもが産まれました。三人兄妹を通じて初の子どもだったので、茨城に住む両親は狂喜乱舞です。数日後、家族勢ぞろいで川崎にある妹夫妻のマンションを訪れました。おもちゃのように小さい赤子はぐっすりと眠っており、「赤ちゃんというだけに、顔が赤いな」と、はなはだ乏しい印象。完全に素人の感想です。

妹夫婦は共働きのため、彼女が育休を取得して子育てがスタートしました。妹の夫もお風呂やミルクなどできる限り育児参加していましたが、双方の両親が近くにいないだけにいささか心細い子育ての始まりです。退院して以来、家族のSNSに届く幾多の動画には喜怒哀楽丸出しという乳幼児ならでは姿があふれており、私たち家族を大いに和ませてくれます。

一方で、数時間おきに起きて授乳する肉体的な疲労や、泣き止むまであやし続ける辛さが、冗談に紛らわせつつ散見されました。そのたびに「頑張れー!」とLINEスタンプを返す私には、その深刻さがまるでわかっていなかったのです。

姪の首も座った半年後の夏（以下、姪を「メイちゃん」と呼ぶ）。出産直後の緊張も解けてきた妹から、お昼に3

時間ほどメイちゃんを見ていてほしいと要請が届きました。三度目の選挙も終わり、比較的余裕があった私は二つ返事で承諾。聞くと3ヶ月ぶりのヘアカットと買い物に行きたいので、午後のお昼寝タイムを中心に数時間、世話をしてくれないかという依頼でした。3時間程度、一体どんな難しいことがあるでしょうか。子どもがいない私であっても、やってやれないことはないはずです。

川崎のマンションに到着すると、まず手を洗ってから妹にひと通りのレクチャーを受けます。私は動きやすいベージュのズボンにポロシャツを着て、念のためマスクも持参しました。毎晩三回は授乳のために起こされているという寝不足の妹から粉ミルクの作り方、おむつ交換のコツ、そして泣いたときの対処法について実践的なティーチングを受けました。これまでもオムツを交換したことはあるし(当時はマスク姿でオムツを交換し、ヒンシュクをかいました)、粉ミルクづくりも三度目です。あらためて手順を確認し、そう難しいこともないなと心の中でつぶやきました。要するに赤子が泣くのは言葉で伝えることができないからで、不快や空腹などすべての欲求を「泣く」という一動作で表しているのです。つまり、赤子が泣いたとしてもその不快の原因、例えばオムツ交換などで取り除いてやれば問題は解決し、眠りについてくれるはず。大丈夫、大丈夫！

心配そうな妹を笑顔で送り出し、マンションのリビングと和室で私とメイちゃんは3時間二人きりになりました。赤子からのオンコールが来る前に、取るべき手順を確認しておこう。粉ミルクとお湯のベストな割合を記したメモを見返し、山のように積み上げられているオムツ・ストックの場所を確かめます。上腕二頭筋を盛り上げて、持続可能な抱っこ体制もイメージトレーニング完了。彼女が眠るべ

ビーベッドの隣で新田次郎の山岳小説を読み始めました。

播隆上人による槍ヶ岳開山の物語です。物語は佳境に入っていくところでアラームが鳴ります。

「アー、アー、アギャー!」

私の意識は200年前の信州から、現代の川崎に急速に引き戻されました。

赤ちゃんの理想と現実

まずは抱っこしてみる。これで泣き止んでくれたら問題解決です。すでに首は座っているので、以前よりは抱きやすいのですが、慎重にベッドから取り上げます。赤ん坊は体温も高いようで、抱っこするなり密着する胸から熱がダイレクトに伝わってきます。エアコンの効いた室内ではありましたが、7kg近くあるメイちゃんを抱き上げると、早くも額に汗。よしよし、とあやしながらスタンダード抱っこをやってみましたが泣き止みません。

第一の防御は破られました。次の守りは粉ミルク、まだ余裕があります。叫び続けるメイちゃんを抱いてキッチンに走り、まずは指示されたとおりの分量で粉ミルクを哺乳瓶に移します。赤子を抱いたままではお湯を注げないため、大音量で泣き続けるメイちゃんを一旦ベッドに戻します。いい子だから3分待ってね。

蓋を開ければそのまま飲める液体ミルクの解禁っていつだっけ。政治がスローだから現場が苦労するんだよ! と、自分を棚に上げて罵りながら、なんとか哺乳瓶を振って粉ミルクを溶かし、舌を火傷しない温度か確かめます。後ろで赤子が大音量をたて続ける中で作業するのは結構ストレスです。もうちょっと待ってねー、とつぶやきながら瓶のキャップを閉めました。

しかしどうしたことでしょう、メイちゃんはミルクを飲み終えるなり、「アギャー、オギー!」と再度のアピールを始めるのです。えぇーっ、まだなにか問題なの?

この後の2時間は「オツム替えのあと、三度も70デシベルで泣き続ける赤子をあやし続ける」サイクルを繰り返しました。特に短い睡眠の後はもう何をしても泣き止まない状態。私の理論では抱っこ、オムツ、ミルクの3ソリューションを手を替え品を替え提供すればクライアントの赤子は満足して寝るはずなのですが、何をしても一向に泣き止まないのがこの日のメイちゃん。

問題はすべて解決しているのに、何が不満なんだい!?こうなれば根比べ。ぐずり続けるメイちゃんも、そのうち泣き疲れて寝てくれるはず。オムツもきれいで熱もなく、満腹である以上、無理にかまったり抱っこしなくてもよいだろう。もうやれることがないんだよ…。

妹が帰って来るまで30分はメイちゃんがうつ伏せになることだけ注意しつつ、ぐずっていても特に構うことなく横目で見ている時間となりました。だって、何をしても泣き止まないんだもん。

たった3時間でダークサイドに陥った「わ・た・し」

たったの3時間でも、あまりに泣き止まない赤子を放置したくなった自分がいました。日中でも精神的に堪えましたが、これが真夜中だったらどうでしょう。テレビのように、一時的にミュートできないかとすら思ったはずです。

あれから2年、本書の執筆にあたって客観的に振り返ると、私の振る舞いはともすればネグレクトにつながる発想があったように感じています。日頃は子育てをしていない気楽な立場の人でも、いとも簡単に虐待すれすれの行動を取る。いわんや毎晩泣き続ける赤子に向き合う未経験の親だったらどうでしょうか。

私は「原則として、親だけでは子育てはできない」「人間は放っておけば子どもに手をあげたり、ネグレクトする生き物である」という前提で子育てサポート体制を作り直す必要があると考えています。子育てで疲弊する親から悲鳴が上がる前に、プッシュ型で支援（お節介）をしないと、虐待は絶対になくならないと思います。

このたび、恥を忍んでこのコラムを書いたのは、私の小さな気づきと反省を公にすることで、あなたが特別なのではないし、誰でもイライラするし、手をあげそうになる。気楽な立場の私だって、あっという間にダークサイドに陥ったという体験を伝えたかったからです。

自分を責めず、しんどくなる前に、「助けてほしい、誰かなんとかしてほしい」と声をあげてください。

具体的には、お住まいの自治体に電話をしましょう。チラシやポスターで顔を見たことのある議員でも構いません。それは恥ずかしいことではないのです。原則として親だけで子育てなんてできないのですから。

あなたは子育てリフレッシュ、保育、そのほかのサービスを受けるために税金を納めているのです。これまで十分頑張ってこられました。

この本を閉じたら、スマホ（スマートフォン）で自治体の子育て窓口を検索するところから始めてください。職員たちはみんな場数を踏んだプロ。ひと言も責める言葉を発したりせず、想像以上に優しく丁寧にサポートしてくれるはずですよ。

第2章

多様な取材、学びの知見から
～どうしたら児童虐待を防止できるのか？～

児童虐待の背景にある『余裕のなさ』の正体とは何か？

目黒区議会議員　たぞえ麻友

子育て支援の充実が児童虐待防止の本丸

この本を手に取っていただいたとき、現役地方議員がこのような共著を出すことを珍しい、おもしろいと少なからず感じていただいたのではないかと思います。

私たち関東若手市議会議員の会「児童虐待防止プロジェクト」は、30代を中心とした地方議員で構成されています。子育て中の者も多いです。私自身、現在小中学校に通う子どもも3人の母親でもあります。

一方で、地方議会は60代がボリュームゾーンであり、地域の顔役やベテランで占められています。非常に心強い一方で、自治体のサービスや窓口の対応は、子育て世代や困っている親子を想像して設計したとは思えないものが多々ありますが、当事者による指摘がなくては改善も進みません。

私たちはそれぞれ別々の地方議会に所属しておりますが、児童虐待防止を訴えるとともに、予防の観点からも「子育て支援の充実が欠かせない」という共通の課題認識のもと日々訴え続けております。

児童虐待が起きる背景にある「育児に対する精神的余裕のなさ」①
～「一人の育児」編～

では、「なぜ子育て支援の拡充が必要なのか」を解説していきます。そのために、さまざまな困難を抱える子育て世帯のイメージをいくつか例示をしていきたいと思います。

まずは、産後に母親がワンオペ（ワンオペレーションの略で、アルバイト店員が店の切り盛りを一人で賄うことが、過労の状態のまま一人で育児していることに似ているとの比喩）で育児ノイローゼになってしまうことを防ぐ支援策について説明していきます。

その背景にあるのは、特に都会で強いと思いますが、赤ん坊が泣き止まないだけで児童相談所に通告されるという「他人の目」です。実際、虐待をしていないのにもかかわらず、おそらく近所の人から通告されたという保護者の声を複数聞いたことがあります。何気ない「赤ん坊の声がよく聞こえるね」という言葉も、不安な保護者にとっては、自分は虐待をする親だと思われているのではないか、そこまではなくとも迷惑だと思われているのではないかと猜疑心が強くなります。私の感覚的なものですが、「赤ん坊の泣き声聞こえるけど、かわいいね。でも、ママは眠れている？」など言ってもらえて、やっと猜疑心が薄れるぐらいだと感じています。

実際の子育てでは、赤ん坊が泣き止まないときはおむつを替えても、母乳やミルクをあげても止まりません。子育てしていると、ずっと赤ん坊の世話、そして家事をしていて寝る時間がありません。

ここでお母さんでないとわからないことは、「そもそも産後は体調が回復しづらい状態である」ことです。そんな状態でも、赤ん坊は泣き続けるのです。例えるならば、あなたが風邪を引いていて、咳がひどくて眠れないのに、電話が鳴りやまない、目覚ましが壊れて鳴り続ける、インターフォンがしょっちゅう鳴るような環境だと思ってください。

電話や目覚まし、インターフォンは電源を切れば鳴り止みます。しかし、それを赤ん坊になぞらえたら電源を切る＝命を絶たせるまではいかなくても泣き止まないから無視をすることも、叩くこともあり得るでしょう。

そこで、頼れるのは実親や義親、近所の知り合いです。ただ、頼れる人が近くにいないときもたくさんあります。育児の不安や初めての育児に対する知識不足を補い、精神的な支えとなるのが自治体の役目でしょう。

私が住んでいる目黒区では、産前産後ケアの事業がいくつかあり、ここ2〜3年で事業メニューが増えています。昔から行われている「保健師による新生児訪問」という事業は、産後1ヶ月のお母さんの不安を聞いたり、赤ん坊の成長と発達について助言したりする事業です。また、産後に家事をやってくれるヘルパー派遣を通常よりも安価に利用できる事業、2019年から開始した母乳について悩んでいるお母さんのもとに助産師が訪問する事業などがあります。

しかし、この事業の数々にも使いにくいポイントがいくつもあり、育児している人の支えになっていたかというと疑問がありました。

例えば、目黒区の新生児訪問はハガキによる申し込み制でした。そして、訪問はハガキを出した人のところにしか行っていませんでした。ハガキを出さない人たちのもとには行っていません。しかし、ハガキを出さない人の方が心配です。産後、ポストにハガキを出しに行くということは、赤ん坊から離れられる環境や、誰かが母親の代わりにポストに出してくれるという守られた環境があるからです。また今の時代、ハガキに慣れ親しんでいる若い親がどれだけいるでしょうか。

最近は住民基本台帳という転出入がわかるシステムと照合をして、新生児がいる家庭でハガキを出していない方にコンタクトをとるようになりました。新生児訪問は１００％していますという区の説明について、何をもって１００％とするのかというところまで突き詰めないとこの事実は出てきません。子育て支援策が届かない、自治体と接触を持たない人にこそ手を伸ばしてつながっていく必要があると考えています。

自治体が本当に支えるべき人のところにたどり着き、不安に寄り添うアドバイスができるのかというところまで議会はチェックする必要があると感じていますが、子育て支援政策については、私たち子育て世代の議員だからこそできることだと思っています。

児童虐待が起きる背景にある「育児に対する精神的余裕のなさ」②
～「離婚、再婚、ステップファミリー」編～

目黒区虐待死事件が起きた要因には、両親の養育歴や父親である雄大の仕事がうまくいかなかったことなどさまざまあると思いますが、一つの特徴として結愛ちゃん一家はステップファミリーだったことが挙げられます。

ステップファミリーとは、離婚して子ども連れで再婚をした「血縁のない親子関係」のある家族のことです。決してステップファミリーの虐待率が高いということはありません。ただ、ストレスを抱えやすい構造を持っていて、親が家族になろうとすればするほど親子関係がうまくいかなくなる可能性があります。

次に記載する「金銭的余裕のなさ」とつながってくる話ですが、離婚や死別で子どもを一人で養育しなければならない親は、子育てという大きな仕事を抱えながら、フルタイムで働くことが困難で、職を変えざるを得ない状況が多々あります。また、離婚について言うと、離婚の際に養育費の取り決めを行わない、または行えなかった場合はさらに金銭的に余裕がありません。再婚をすることで、この働く、稼ぐという点について大人が二人になれば、また稼いでくれる人と再婚したら楽になるのではないかという期待が膨らむこともあるでしょう。また、子どもに父親または母親がいないことの引け目などを感じることもあり、新しいお父さんまたはお母さんが必要と思うことも一度や二度の話ではないでしょう。

結愛ちゃんのお母さんは、手記の中で結愛ちゃんの継父と再婚する前、「私は今度こそ、お父さん、お母さん、娘という憧れの家族になれるはずと信じるようになった」と思っていたと書いています。

再婚の背景にこれらの引け目や再婚したら変われる、変わりたいという背景があり、家族としてまとまっていこうという力学が働くのではないでしょうか。結愛ちゃんの事件でも、母親は子どもを守るために家を出ればよかったじゃないかと感じた方もいるかと思いますが、自信がなく、また日常的に夫（結愛ちゃんの継父）から自分の判断や育児について否定をされ続けていたことが手記から読み取れます。

そして、もう一つ、結愛ちゃんの母親は、事件当時香川県から目黒区に「引っ越し」をしたため、知人や友人、行政とのつながりもなく、孤立していた状況でした。仕事もしていなかったため、自活する選択肢もなく、夫の言うことを聞くことが生きるうえで第一義となっていました。

虐待を止めることができなかった背景には、親自身が精神的に追い込まれているという背景もあります。

父親についてはここでは言及しませんが、裁判で「親になろうとしてごめんなさい」という言葉を発言していることから、父親として結愛ちゃんへの接し方について間違ってしまったことを少なからず認識しているのかもしれません。自分の仕事もうまくいかないなか、せめて父親として頑張ろうと思ったのか、また社会に馴染めない憤りを結愛ちゃんにぶつけていたのかもしれませんが、そこは推測しかできません。父親のやったことは許されることではありませんが、父親自身が社会でうまく生活できていたら（それ自体、容易ではないかもしれませんが）虐待死まで至らなかったのではないかと思っています。

行政は、女性相談として家庭のＤＶや生きづらさについて話を聞くことはできますが、男性の生きづらさについては、役所からすると主訴がはっきりしない相談として受け止めてもらえないことが多いです。また、男性の特性として弱みを吐き出せない、男は吐き出すものではないという社会通念も支援を遠ざけてしまいます。

現在、進められている行政サービスには、一つは男性の育児参加（個人的な意見としては、参加ではなく最初から育児の当事者であると申し上げておきたいです）による「男性は外で働き、女性は家を守る」という性別による固定的役割分担意識からの解放と言いますが、これをあやふやにするというか、多様化していこうという流れがあります。

私も地方議員の一人として伝えたいと思っていますが、自治体もジェンダーや男性学に関する勉強会を実施するなど、ゆっくりではありますが、着実に歩を進めている最中です。

児童虐待が起きる背景にある「親の金銭的余裕のなさ」

ここまで述べてきた「精神的余裕のなさ」の背景には、金銭的な背景が潜んでいます。金銭的な困窮が精神的困窮に至るのは明白で、シングルマザーの貧困については、このコロナ禍において、非正規労働が多いこと、また保育園や学校の休校で働けなくなったなどの問題がクローズアップされました。

シングルファザーもそうですが、仕事を続けることが困難という点については、先述しました。どうするべきなのか？　以前、夜間も預かってくれる保育園を視察したことがあります。夜くらい、子どもと家で過ごしたらと思われるかもしれませんが、長時間労働の職場を辞められず、また夜の仕事も看護、介護、また接客業などさまざまあります。

２０２０年８月に、台東区で生後３ヶ月の赤ん坊を夕方から朝まで一人にし、亡くなった事件がありました。生後３ヶ月であれば、３～４時間おきに授乳という段階です。16時間も一人というのは考えられないことですが、母親は働きに出ていたとのことでした。

行政の支援としては、母子保護施設などもありますが、規則が多かったり、よほど困窮していると認められないと利用できなかったりとハードルが高いです。何より命が大事であることを考えれば、時に乳児院や養護施設に預けることも選択肢の一つだと思いますが、なかなかそこには至っていません。

最近は、一般家庭で子どもを預かるファミリーホームを増やそうと国が動いていて、親が無理ならば別の人が育てようという考えでいいと私は思っています。

育児をしながら生活をするにはお金がかかります。稼がなければ生活はできません。ちなみに、ひとり親でお子さんがいる場合、条件によってではありますが、児童扶養手当を受給できます。しかし、それだけでは生活できないうえ、児童扶養手当を受けるためには所得を抑えなければならず、結果としてパートなどの職業に就き、立場の弱い雇用状態という負のスパイラルに陥ってしまうのが現実です。

現在、離婚については、東京都が自治体に対して補助制度を設け、離婚の際に定めた養育費の保証について保証会社との契約料を一部補助する制度を創設したり、一部自治体では離婚後に困らないようにとあらかじめ決めておくべきことについて教えてくれる離婚講座などがスタートしていたりと新たな動きがあります。生活困窮に陥らないよう、未然に防ぐための施策が始まっています。

最後に

虐待をした親を責めないでほしいと、常々思っています。本人が言葉にできない理由があるのだと想像してもらいたいです。

しかし、一方で虐待を受けた子どもたちが傷ついたまま大人になり、苦しんでいる現状もあります。だからこそ、親が抱え込み、いっぱいいっぱいの育児をさせるのではなく、行政で支える、そして社会で支えてほしいと私たちは訴え続けています。

私たちはそのために働きかけ、社会にも一緒に、どんな親にも手を差し伸べようと呼びかけていきたいと尽力しています。

『貧困』によるネグレクトをなくすために

豊橋市議会議員　古池もも

『貧困』とネグレクト

あるとき、子育て支援をしている方が「親の貧困が解決したら、少なくともネグレクトはかなり減ると思うんだよね」とつぶやきました。私もその言葉に強くうなずきました。

貧困とは経済的な困難だけではなく、機会の貧困やつながりがない、関係性の貧困も含めた言葉です。

子どもがまだ小さかった頃、私は残業の多い働き方をしていました。夫は非正規で夜勤だったため、子育ても家事もほぼ一人。毎日いっぱいいっぱいでしたが、子どもが小さい母親に条件の良い転職先はありません。18時に保育園へ行き、実親に子どもを預けては職場に戻り、深夜まで働くという日を繰り返しました。

健康な親が二人いても子育てがままならない場合があるのですから、そこにお金がない、助けてくれる人がいないなどの状況が加われば、子育て世帯はかなり苦しい状況に陥ります。

隠れ貧困世帯

貧困線という言葉があります。相対的貧困率を算出する際に使われる基準で、生活必需品を購入するための最低限の収入を表す指標です。貧困線を下回る収入の世帯には生活保護や支援制度などの救済制度が用意されています。

この貧困線より、少しだけ上にいる家庭を仮に『隠れ貧困世帯』とします。隠れ貧困世帯は不安定な状況にありながら、救済措置の対象になりません。非正規で不安定な就業状況であっても『隠れ』ながら、なんとかギリギリ暮らせてしまいます。だから、子育て中の『隠れ貧困世帯』もたくさん存在しています。

MEMO

貧困線と相対的貧困率

見えない貧困を定義する相対的貧困という考え方があります。日本では手取り収入（可処分所得）を世帯人数で調整した数値の中央から、さらに半分にしたものを貧困線とし、貧困線に満たない世帯の世帯員の割合を相対的貧困率としています。

2018年の貧困線は127万円、相対的貧困率は15.4%でした。

相対的貧困にあてはまる家庭は、親に仕事はあるものの非正規で、低賃金であることが多い傾向にあります。子どもは食事ができても必要なものが買えなかったり、学費が払えず進学をあきらめたりするなど、物質的なはく奪や機会の喪失が起きていると考えられます。

相対的貧困への社会の理解が深まらない理由の一つに、外からは普通の生活をしているように見えるという点がありますが、見えないところで選択肢が少ない状況にあるのです。

自分たちの生活に不安はありつつも、外から貧しい家庭として見られたくない『隠れ貧困世帯』は、見た目は小綺麗で、スマホ（スマートフォン）も車も持っています。子どもが同級生との差で悩まないよう、遊ぶためのお小遣いも捻出します。少ないお金を表面的に振り分けているので、貯蓄や進学などの将来的な投資は後回しになっていきます。

親は自分にかけるべきお金や時間を犠牲にし、定期検診などの医療的ケアにかかるお金を削り、健康を害することもあります。自分をケアするゆとりがないため、精神的にも肉体的にもジワジワと病んでいき、どこかで無理が生じます。親のどちらかが病気で倒れたら、その家庭は一気に追い詰められ、いつ貧困線を下回る世帯になってもおかしくありません。

日本では若く健康であれば「あなたは働けるはずでしょう」と、なかなか福祉に支えてもらえません。しかし、限界の状態であれば支援が必要だけれども、そうでないならば支援の必要はないという社会ですと、『隠れ貧困世帯』のようなギリギリの家庭はずっと経済的に不安定なままです。

仕事を掛け持ちしても貯蓄ができない、働けど働けどゆとりをもって暮らせない人がいて、生きるために仕方なく悪条件の仕事で働き続けています。

MEMO

ネグレクトについて

ネグレクトは、多くの場合、親や養育者が育児の中で小児にわざと危害を加えようとして起こしたものではないという点で虐待とは異なります。ネグレクトは通常、不十分な育児技能、ストレス対処技能の不足、支援が得られない家庭環境、ストレスの多い生活環境など、複数の要因が組み合わさって生じます。

ネグレクトは経済的ストレスと環境ストレスのある貧困家庭で発生することが多く、特に、親に精神障害（典型的にはうつ病 、双極性障害 、統合失調症）、薬物またはアルコールの乱用、または知的障害などが見られる場合に、その傾向が強まります。片親家庭の小児では収入が低く、利用可能な資産が少ないことにより、ネグレクトのリスクが生じます。

※ MSD マニュアル家庭版「小児に対するネグレクトと虐待の概要」より転載

『隠れ貧困世帯』が限界を迎え、やっと行政から支援を受けられたとしても、そこから立ち直るために長い時間もかかるうえ、多くの税金を必要としてしまいます。極限まで追い詰められるよりもっと前の段階の家庭への支援が必要だと思います。

貧困解決への支援

10年ほど前から『子どもの貧困』という言葉が使われ始め、貧困対策に国や各自治体が取り組んできました。恵まれない家庭で生まれた子どもは教育を受ける機会が少なく、学歴・就職・収入などさまざまな面で不利になります。連鎖的に親から子、孫へと引き継がれる貧困の連鎖を断ち切るため、『親への就労支援』と『子どもの教育支援』に力が入れられてきました。

『親への就労支援』は、親に仕事がない場合に有効です。しかし、日本の就業率は高く、すでに就業している親の方が圧倒的に多いのです。貧困世帯の親の本当の課題は「働いているのに暮らせるだけの賃金が得られない」という点であり、就業支援というくくりでは解決できない課題のように思えます。

非正規雇用や賃金が低い仕事では、どれだけ働いても親子が不安なく暮らせる状況にはなりません。

条件の良い仕事に就けないのは、職歴やスキル、現在の環境などが影響しているためですから、より良い条件への転職も難しいです。低収入で苦しむ人が、生きるために悪条件の仕事に就くしかないという状態が、条件の悪い雇用の維持につながるという最悪の循環を生み出しています。

日本の労働人口の約4割が非正規労働者だと言われています。低賃金が当然のように社会構造に組み込まれてしまい、低収入の家庭の問題は個人の力では解決することができなくなっています。親の低収入を根本的に解決するために、国は企業などへ雇用条件の改善をより強く働きかけるべきだと思います。

また、収入を上げるための資格やスキルの取得にはお金も時間もかかるため、低収入の家庭はその点でも不利です。将来の貧困を減らすためには、貧困世帯だけではなく『隠れ貧困世帯』に対しても、オンラインなどを活用したキャリアアップ支援が受けられるような環境づくりが効果的だと考えます。

『子どもの教育支援』はどうでしょうか。親の収入が子どもの教育費に比例するという調査結果から、恵まれない家庭環境にいる子にほかの子どもと同等の機会を提供する支援が行われています。しかし、実際には教育で子どもが将来の貧困から逃れるには、かなりの努力と家族の支えが必要となってきます。その努力と支えが、すべての家庭で叶うわけではありません。

例えばひとり親で、年の離れた子どもが二人、下の子がまだ幼い家庭を想定します。この家庭は近くに親類がいません。親はアルバイトを掛け持ちし、夜も働きに出ています。すると、上の子どもは家事や育児を親の代わりに担う場合があります。

こういった子どもは『ヤングケアラー』（P82～83参照）と呼ばれています。

MEMO

ヤングケアラー

“YOUNG” と “CARER” を組み合わせた言葉で、きょうだいや家族の世話をする 18 歳未満の子どもを指します。少子高齢化や家庭の経済状況の変化といったさまざまな要因によって、幼いうちから次のような重い責任や負担を負う子どもが存在しています。

①障がいや病気のある家族に代わり、
買い物、料理、掃除、洗濯などの家事をしている

②家族に代わり、幼いきょうだいの世話をしている

③障がいや病気のあるきょうだいの世話や見守りをしている

④目が離せない家族の見守りや声かけなどの気づかいをしている

⑤日本語が第一言語でない家族や障がいのある家族のために
通訳をしている

⑥家計を支えるために労働をして、
障がいや病気のある家族を助けている

⑦アルコール、薬物、ギャンブルなどの問題がある家族に対応している

⑧がん、難病、精神疾患など慢性的な病気の家族の看病をしている

⑨障がいや病気のある家族の身の回りの世話をしている

⑩障がいや病気のある家族の入浴やトイレの介助をしている

※一般社団法人日本ケアラー連盟「こんな人がヤングケアラーです」より
https://carersjapan.jimdofree.com/

令和2年度に国が行った調査研究（※）によると、中学2年生の約6%、高校2年生の約4%がヤングケアラーでした。ほぼ毎日ケアをする子が最も多く、1～3時間未満のケアを行っている場合もあれば、7時間以上のケアを平日に行っているハードな子どもも一定数います。ケアラーは慢性的な疲れの中で学校生活での遅刻欠席、忘れ物、成績不振を起こしがちです。学校で寝てしまうという状況も多くあります。しかし、本人に自分がケアラーであるという自覚はなく、家族にゆとりがないからこそ役割を担っているという思いもあり、辛さがあっても誰にも相談せず、誰にも気づかれないという状況に追い込まれがちです。

ヤングケアラーが今後増えていくことを見越し、教育機関や地域との連携の中で敏感に見つけていかねばならないのですが、その際に重要なのは「子どもの状況や気持ちを否定せず、過度な負担を取り払うことに徹する」ということです。子どもが望んだときにいつでも相談できる場所も必要です。

ヤングケアラーの問題の根本には、家族でのケアを当然とする風潮や、障がいや精神疾患に対する差別や偏見などがあります。家庭内で家族のケアをすべて担おうとすると、ゆとりのない親ではなく子どもが担うことになることもしっかりと認識することが大事です。

※令和２年度 子ども·子育て支援推進調査研究事業
「ヤングケアラーの実態に関する調査研究 報告書（令和３年3月）」

彼らは家事や育児で疲れがたまり、自宅での勉強時間や睡眠時間が不足しています。時間的に余裕のない状況の子どもに「君の将来のために学習の機会を提供します。家に行って教えます。どこそこで学習会が開かれています」と伝えたところで、果たして十分に利用できるでしょうか。

家庭の事情で機会を活用できない子どもは、その事情をまわりの大人に相談しないことが多いようです。

まわりからはせっかくの機会を棒に振る、意欲や努力の足らない子どもに見えてしまうかもしれません。一見、教育機会の平等が与えられたように見えますが、その背景には学習の機会だけでは解決できない複雑な事情があります。

まずは社会がその家庭全体の困難を支え、親が子どもを支えられる状況を作らないと事情を抱えた子どもの教育支援は実現しません。

また、教育機会の提供は必ずしも将来の成功が約束されるものではないので、結局は個人の努力で解決させることになります。結果的に貧困の連鎖が切れなくとも、その責任が個人にあるように見えてしまうところも教育支援の課題だと思っています。

シングルマザーの抱える問題

私たちは『子どものために親は自分を犠牲にすべき』『親の自己犠牲こそ愛情だ』と、なんとなく考えています。そして、その親にあたる人物は多くの場合、母親を指しています。

ネグレクトとは怠慢や無視、軽視という意味のラテン語ですが、親子間でこの言葉が使われるとき「子どもを何よりも優先するべき母親の怠慢」という意味合いを含みます。そのため、痛ましい児童虐待のニュー

スと同時に必ずと言っていいほど母親が糾弾されます。子のいる親で女性であると、ただそれだけで自分を犠牲にすることを求められるのです。

今、日本で最も困窮しているのはシングルマザー世帯ですが、これには女性へのジェンダー規範が大きく影響しています。男女の平均賃金に大きく差が開く要因は、家庭内の家事・育児を主に女性に求める性別役割の意識がいまだに強いからです。

多くの女性は結婚や出産を機に仕事をセーブし、キャリアを閉ざされます。特に育児期に仕事を失った女性、もしくは就労経験のない女性が子連れで離婚に及ぶと、時間的な制約や年齢、経験不足などを理由に正規雇用が難しくなるのが現状です。そのため、非正規や、条件の悪い仕事を選ばざるを得なくなります。

児童扶養手当が出たとしても、親一人子一人で暮らす家庭では最低でも月15万円は必要です。その金額を低い時給で稼ぐためには正規雇用よりも長い時間労働しなければなりません。子どもの急な病気や学校行事などに対応できるフルタイムの仕事が常にあるわけでもなく、実際はパートやアルバイトを掛け持ちするなどします。

賃金の低い職場で働くシングルマザーの労働時間や移動時間を考えると、子どもと穏やかに過ごす時間を捻出するのはかなり難しいと感じます。昼間の仕事の後、子どもに夕飯を食べさせ、次の職場に移動する場合もあります。

ＴＶなどでひとり親に立派に育てられた子どもの話が感動的に語られることがありますが、単純に美談にされるべきものではありません。万が一幼い子どもに何かあれば、ネグレクトの親として非難されてしまうのではないでしょうか。

ひとり親の就業状況を変える支援策の一つとして高等職業訓練修了支援給付金があります。看護師や介護福祉士などの資格を取得する専門学校に入学すると、月額10万円給付されるという制度で、就職に有利な資格取得と経済的自立に役立ちます。

しかし、実習時に子どもが急に熱を出す、研修先が遠く明け方に家を出なければならないが保育園が開いていない、子どもの精神的ケアに手が回らないなど、お金では解決できない課題が存在しています。そのため子どもが小さいとき、もしくは受験期などに制度利用を避けることもあります。しかし､子どもの成長を待ってからでは親の年齢が高くなり、資格取得後の職場の選択肢が狭まる可能性もあります。

そもそも、子どもの病気などの急なトラブルを親が一人で解決できないからこそ就業の難しさがあり、正規職員として働けない状況があるので、資格取得の際にも同じ課題が存在するのは当然です。

貧困からの脱出のためには経済面と「関係性の貧困」による困難を念頭に置いた制度設計が必須です。仮に各地方自治体による24時間体制での保育サービスの提供があり、非常時に使えるのであればひとり親の困難は大きく改善されるでしょう。

親の困難を減らし、ネグレクトをなくそう

自己責任という言葉がありますが、貧困家庭と貧困でない家庭の違いは個人の能力や頑張りの差ではありません。これまで述べてきたように、個人ではどうにもならない現状があるのです。根本原因が改善されないまま、個人の選択肢を増やす道だけが提示されると、個人の意欲が試され、支援に値するのか値踏みされる格好になります。

機会を生かせない、頑張ろうと思っても続けることができない。

このような状況を常に想定し、そもそもの抜本的な解決策を考えなければなりません。本当に子どもの未来を考えるなら、まず親世代の雇用状況の改善、そして、制度の隙間をサポートするためのマンパワーが不可欠です。

また、「隠れ貧困世帯」のように現在は支援の枠組みに入っていない家庭の暮らしをボトムアップする取り組みも必要だと思われます。

親の困難を減らせば、親がやむなく子どもをネグレクトしてしまう状態はなくせると信じています。

『ネウボラ』を参考にして、日本の家庭をもっと幸せに

町田市議会議員　矢口まゆ

ネウボラとは、フィンランドにある「出産・子育て・家族を支援するサポートセンター」のような拠点のことを指し、フィンランド語で「Ｎｅｕｖｏ（アドバイス）Ｌａ（場所）」と書きます。日本では、ここ数年でよく耳にするようになりました。「○○版ネウボラ」など自治体独自にネウボラを参考にした子育て支援を行う市区町村も現れています。日本で聞かれるようになったのはごく最近ですが、フィンランドでは１９２１年に始まり、１９４４年にはすべての自治体に設置するよう義務付けられた歴史の長い仕組みです。

日本とフィンランドの児童虐待の状況

日本では、把握できているだけでも年間50人以上の子どもが虐待によって命を落として

います。それに比べ、フィンランドでは、児童虐待による死亡者数はなんと0（ゼロ）人と言われています。これには、ネウボラの取り組みが大きく作用しているはずです。

この、フィンランドで百年の歴史を持つネウボラの仕組みを見ていくと、日本において『虐待が起こらない環境』『虐待が起こってもすぐに気がつける環境』を作っていくためのヒントをたくさん発見することができます。

ネウボラを参考にして、これからの日本の妊産婦支援、子育て支援、そして日本ではいまだ手つかずと言っていい『家族支援』のあり方について考えていきたいと思います。

ネウボラとは？

ネウボラとはいったい何なのか？

これについては、サービスの内容を羅列するよりも、実際に妊娠して出産して子育てしていく過程とともに説明するのがイメージしやすいのではないでしょうか。妊娠出産、子育て経験のある方は、ぜひご自身の受けた行政サービスを思い出しながら読んでいただきたいです。

なお、妊産婦支援や子育て支援は自治体ごとにさまざまな仕組みがあり、日本全体で対応が統一されているわけではない部分も多いため、大多数の自治体での対応を基準にして話を進めていきます。

妊産婦ネウボラについて　～日本とフィンランドとの比較～

※ネウボラの担当について保健師と記述していますが、実際は保健師もしくは助産師

妊娠判明後の母子手帳交付

【日本】医療機関を受診。医療機関から母子手帳をもらうように言われたら、各自治体の窓口に行き、交付を受ける。

【フィンランド】妊娠がわかったら、まずはネウボラに連絡。担当保健師のクリニックを受診し、母子手帳も担当保健師から交付される。

妊婦健診

【日本】病院や助産院などで検診。妊婦さん本人がいればＯＫ

【フィンランド】ネウボラもしくは担当保健師のクリニックで検診。毎回ではないが、法的根拠をもとに父親の出席が求められることがある。

面談

【日本】妊婦さんと自治体の保健師さんなどが面談。父親の参加は自由。

【フィンランド】健診の中でネウボラの担当保健師が両親と面談。

出産

【日本】出産場所や出産方法は自分で情報を集めて考えて決める。里帰り出産の文化あり。

【フィンランド】出産場所、出産方法はネウボラで担当保健師と相談して決める。里帰り出産の習慣はない。

いかがでしょうか?

フィンランドでは、妊娠の発覚から出産まで、妊婦健診もすべて一貫して、ネウボラで担当の保健師が対応するスキームになっています。

子どもネウボラについて　～日本とフィンランドとの比較～

出産後は、妊産婦ネウボラから子どもネウボラに移ります。日本と異なる点で特筆すべき違いをいくつかピックアップします。

予防接種

【日本】予防接種は小児科で各自予約して行う。

【フィンランド】予防接種もネウボラで行う。

乳幼児健診

【日本】集団健診、病院での個別健診などの方法があるが、毎回同じ担当者がつくようなシステムではない。（東京都町田市では、6歳になるまでに6回実施）

【フィンランド】ネウボラにて担当保健師が行う。6歳までに少なくとも15回実施。1歳になるまでの間で9回も行う。

家族健診

【日本】健診は子どもが主な対象であり、家族全員の健診という発想はない。

【フィンランド】乳幼児健診のうち、3回は家族全員が同席することとし、担当保健師と医師で健診を行う。

日本とフィンランドの大きな違い

妊産婦ネウボラ、子どもネウボラにおいて、特に日本と違いのある部分を紹介しました。この中でも、①医療との連携、②担当者制の徹底、③家族全体のケアの3点が、全体において日本と大きく異なる部分であり、ネウボラの強みでもあると考えています。では、日本でこれらを実現することはできるのでしょうか。もしくは、まったく同じ方法ではなくても、同じような効果が期待できるやり方はないのでしょうか。

①医療との連携

まず、「①医療との連携」ですが、ネウボラでは妊婦検診から予防接種、乳幼児健診などの医療の分野まで対応しています。フィンランドでは、医療の8割が公的部門で行われており、出産も公立病院がほとんどです。医師についても、およそ3分の2が公的医療機関で働いており、ネウボラでの医療の提供が可能なのもうなずけます。公的な医療機関の方が圧倒的に少数な日本とは大きく状況が違い、フィンランドのやり方をそのままマネるにはハードルが高く、実現はなかなか難しそうです。

例えば、医療機関と自治体の担当保健師が情報を共有するという方法であれば実現できるのではないでしょうか。

ただし、自治体単位で始める場合には、里帰り出産という文化がネックになりそうです。国が制度設計をしてくれれば、里帰り中の医療機関と地元の自治体の保健師との情報交換も可能になるのではないかと考えています。

②担当者制の徹底

この点は、自治体独自の工夫や努力でそれなりにマネることはできると考えます。しかし、日本では医療行為が完全に自治体による事業と切り分けられているため、担当制を導入しても妊産婦と担当者の接触する回数はフィンランドと比較するとかなり少なくなってしまいます。現在、日本で行われている事業の中で担当制の対象とできるものは、一般的には以下の5つくらいかと思います。

●母子手帳の交付
●妊婦面談
●母親学級、両親学級
●産後の家庭訪問
●集団健診

このように日本の現行制度では、妊娠中に行政と接触する機会がフィンランドと比べるとかなり少ないため、担当制にしても大きな効果を期待することは難しいかもしれません。

③家族全体のケア

個人的に最も今の日本に必要で、かつやる気さえあればすぐにでも進めていけると考えているのが、この家族全体のケアです。父親の育児参画（育児参画という言葉すら遅れていると感じていますが…）を進めるためにも、この取り組みは非常に有効だと思っています。

私自身が日本での妊娠出産育児を通して感じたのが、行政は「母親ばかりを呼び出す」ことです。また、母親ばかりに知識を詰め込もうとしているようにも感じていました。

●妊婦面談に呼ばれるのは母親だけ。父親がいてもいいが、父親だけでは受けられないのに、母親だけで受けるのは当たり前（母親だけでなく、二人の子どもなのになぜ？）

●両親学級も、母親向け、両親向けに分かれていて、母親向けコースはやけに長いが、父親の参加も想定した内容の両親向けコースはすごく短いことも

●出産時の入院中も、母親ばかりが看護師や助産師から指導を受ける

このように「母親は必須」なのに「父親は不要」な場面が多かったり、母親の方が知識が必要だろうと決めつけたような対応ばかりです。二人の子なのだし、二人で育てるのだから、知識は同じだけ必要。面談も二人に必要なのは当然ではないでしょうか。

行政が積極的に「父親の同席」を求めない限り、いつまでも父親の『参画者気分』はなくなることはありません。行政が母親と父親は育児の共同責任者なのだという認識を持ったうえで、妊産婦支援、子育て支援を進めてほしいと思います。

また、ネウボラでは、父親だけでなく家族全員がケアの対象です。つまり、兄弟姉妹も含まれます。その家庭にどんな支援が必要なのかは、母親だけでなく父親や兄弟姉妹の状況も把握してこそわかるものです。そして、的確な支援の提供は虐待の予防に直結します。

ネウボラの最終目的は『すべての家庭の幸福度の底上げ』

フィンランドのネウボラは、すべての家庭の幸福度を底上げするようなサービスなのではないでしょうか。それに対して、日本の支援はハイリスクな家庭を見つけ、その家庭に支援を行うことを目的としているように見えます。

ネウボラは、ハイリスクかそうでないかに関係なく、家族全員に対して複数回の面談を行い、いつも同じ保健師が医療行為も行い、出産や育児に関する情報提供も、相談の受付も対応することで、ハイリスクでない家庭にとっても頼りになる存在となっています。

また、ネウボラでは、産後の避妊についても情報提供をします。

・家族がどんな未来を作りたいのか
・次の妊娠をいつ望むのか
・望まないのであれば、どうすればよいのか

ネウボラでは、家族の未来を作るサポートまでしているのです。ネウボラの内容を知れば知るほど、これは「すべての家庭の幸福度を底上げしていくためのシステムなのだ」と感じます。そのシステムが結果として虐待を予防し、早期に発見することを可能としているのではないでしょうか。

日本では、妊婦面談も産後の訪問も、ハイリスク家庭を発見して支援につなげることが

目的というイメージが世間一般にも強いと思います。その結果、実際にハイリスクな家庭からすると、行政の面談や訪問で心を開き信頼して話をすることが難しくなってはいないでしょうか。

　ネウボラのように、ハイリスク家庭を見つけるためでなく、すべての家庭のためにあるのだということが市民にも伝わる支援が、日本でもできれば良いと思っております。そんな支援こそが、結果的に虐待の予防につながるのではないでしょうか。

日本の遅れた『性教育』と児童虐待は密接に関係している

町田市議会議員　東友美

「赤ちゃんを産んだ日にママの手で殺してしまった」

これが日本の虐待死事件で一番多いケースです。

生後0日に虐待死した赤ちゃんの加害者について詳しく見ていくと「実母」「自宅で出産」「19歳以下」「未婚のひとり親」「予期しない、計画していない妊娠」というキーワードが浮かんできます。

これらのキーワードから想像すると、生後0日の我が子を虐待死させてしまったママは10代で望まない妊娠をして、病院に行くこともできず、頼る人もいない状態の中で、孤独を抱えて、自宅で出産し、どうしたらいいのかわからず…、産んだばかりの我が子を殺めてしまったのではないでしょうか。

これらはすべてママが悪いのでしょうか。妊娠はママ一人ではできません。パパはどこへ行ってしまったのでしょうか。もしかしたらママは予期しない妊娠をしたことでパパに迷惑がかかるかもと思って言い出せず、一人ぼっちで出産したのかもしれません。

この項目ではキーワードの中でも「予期しない、計画していない妊娠」に焦点を当て、性教育について紹介していきたいと思います。

子どもを産む、育てるタイミングは自分で決める権利がある

「セクシュアル・リプロダクティブ・ヘルス＆ライツ -Sexual and Reproductive Health and Rights（ＳＲＨＲ）」という言葉があります。日本語では「性と生殖に関する健康と権利」と訳されています。

私はＳＲＨＲの意味をこのように解釈しています。

「すべての人に（結婚しない人や同性カップルも含みます）、産む・育てる子どもの数やタイミングを（産まない・育てない選択も含みます）、自分で自由に決める権利があります。ただ、そのためには健康であることが大切で、妊娠や出産、育児の情報や手段も必要です。その情報や手段はすべての人に平等に届くようにするべきで、受ける側にはそれらを受け

取る権利があります」

このSRHRという言葉は本書をお読みいただいているあなたを含め、すべての人の「性」と「生き方」にかかわる大切な言葉です。

あなたは今まで生活する中で妊娠や出産、育児の情報を入手する機会がありましたか？私はそれらの情報を入手しようと思って自分で動かなければそのような機会はほとんどありませんでした。きっと、みなさんも私と同じではないでしょうか。

おそらく生後0日に虐待で亡くなってしまった赤ちゃんのママやパパも同じだったんじゃないか、と思います。

情報を入手する機会がなかったので、自分自身の「子どもを産む・育てるタイミング」ではないときに妊娠し（妊娠させ）、出産を迎えたのではないでしょうか。このような性や生殖に関する教育、つまり性教育は、本来、少なくとも義務教育のときに学校で学べるようにするべきだと私たちは考えています。

しかし、残念なことに日本では海外と比べてまだまだ性教育が不足していると言われています。それはなぜでしょうか。

日本の性教育は「寝た子を起こす」の考えに基づく

「寝た子を起こす」

これが日本の性教育の捉え方になっています。つまり、子どもは何も知らない、性的な知識も経験もゼロであり、もし教えてしまったら教わった内容をどんどん実行する子どもになってしまう、という考えです。

理科の教科書で女性生殖器の断面図と「男子の体内で作られた精子が女子の膣内に放出され、その中でこのように泳いでいき、卵子と結合して受精します」という内容の説明書きをご覧になったことがあると思います。私はこれを見たとき、「どうやって女性生殖器の中に精子が入るんだろう?」と不思議に思いました。

女性生殖器の断面図の下の方には最初から精子の絵が描かれており、隅々まで読んでも「どうやって精子が女性生殖器の中に入るのか」その方法や理由が教科書のどこにも書かれていません。なんとなく先生に質問してはいけない気がして、自分なりに考えた結果「きっと空気中を漂うんだろうな」という答えを出したことを覚えています。

日本の教科書は「学習指導要領」という国が作成したルールに基づいて作られています。この「学習指導要領」の中には「はどめ規定」と呼ばれているルールも記載されており、例えば「…を取り扱わない」「…は触れない」と表記され、教科書に書くことができる内容を制限しています。

そして、この「はどめ規定」の一つに「妊娠の経過は取り扱わない」というものがあります。わかりづらい表現ですが、「妊娠の経過」というのは「性交渉」のことであり、「妊娠の経過は取り扱わない」と学習指導要領に記載されているため、性交渉について教科書に書くことができないのが日本の性教育の現状です。

高校生になっても教科書の中に「性交渉」という言葉が登場せず、日本の子どもは学校で正しい知識を教わらないまま高校を卒業します。

しかし、「第8回　青少年の性行動全国調査」では高校生の性交経験者は女子19・3%、男子13・6%と報告され、日本の教育が現実に追いついていないことがわかります。

また、中学生の教科書では「性感染症の予防」、高校生の教科書では「避妊や人工妊娠中絶」が登場しますが、「性交渉」については記載がなく学ぶことができません。

「性交渉」について教えられる機会のないまま「性感染症の予防」や「避妊や人工妊娠中絶」

について理解しろと言われてもなかなか難しいのではないでしょうか。

教科書にこのような制限がかかっている中でも、昔と違い、今は子どもたちが性の情報を簡単に入手できるようになりました。大人が「性教育は恥ずかしいもの、いやらしいもの、良くないもの」とレッテル張りをして正しい知識を教えずにいる間に、子どもはきょうだいや友だちから情報を入手しています。それらの情報源はインターネットを中心としたものであり、必ずしも正しい知識ではありません。中にはインターネット動画で見たレイプが通常の性交渉だと思っている子もいます。

大人たちが「寝た子を起こすな」と言っている間に、子どもたちは子どもたちだけの世界でとっくに目覚めています。そして、犯罪を犯罪と気がつかないまま、誰にも正しいことを教えてもらえないまま、犯罪行為が普通の行動だと誤認しているケースも存在しています。

あなたは「性教育は寝た子を起こす」と思われますか?

世界中の包括的性教育の実践を調査した結果では、性教育後に性行動を早めたのは0%、遅らせたのは37％、性交渉経験相手の人数を増加させたのは0％、減少させたのは44％という結果が出ています。正しい知識は子どもたちを慎重にさせ、安全で正しい行動をとることをサポートすると、世界ではすでに証明されています。

国際的には性教育は人権教育と認識されている

みなさんは「性教育」と聞いてどのような内容を思い浮かべますか?

性交渉でしょうか。避妊でしょうか。ほかには、思春期の体の変化など教科書に書いてある内容を思い浮かべる方が多いかもしれません。

国際セクシュアリティ教育ガイダンスという本があります。ユネスコが作成した、いわゆる「性教育の教科書」です。今、世界的にはこの「国際セクシュアリティ教育ガイダンス」(明石書店)をもとに子どもたちへ性教育が行われるようになってきました。

日本ではまだ、性教育を「性や生殖のみに関する教育」と捉えている部分が強いと思いますが、「国際セクシュアリティ教育ガイダンス」では性教育を「包括的性教育」と表現しています。包括的性教育とは、「性交渉や出産だけではなく、人とのかかわり方や相手の立場を考えること、さらにはジェンダー感、多様性、幸福感などを包括的に学習する教育」のことを指します。つまり、「相手や自分のありのままを尊重すること=互いの人権を守ること」と言い換えられると思います。そして、世界的には「性教育を人権教育」だと捉える動きが広がっています。

例えば、「プライベートゾーン」という言葉があります。明確な定義はありませんが、プライベートゾーンはよく「水着で隠れる場所」と表現され、性器やお尻、胸を指します。そして、プライベートゾーンは「大切な場所だから他人に見せてはいけない」、さらに「知らない人に見せられることもあってはいけない」ことで、また髪の毛や口、顔を追加し同様に「他人に触られたり、触らせられたりしてはいけない」、もしそのようなことがあれば「やめてと言う」「離れる」「信頼できる大人にいつ、どこで、誰に何をされたのかを報告する」ことを子どもに教える教育です。

ほかにも、包括的性教育での5歳から8歳の子どもに対しての学習目標に「からだの権利」があります。「からだの権利」では、からだをどのように使うのかは性的自己決定権の基本的な問題であり、他者のからだへの視線、言葉によって評価すること、冷やかしなどの言葉をかけることがプライバシーの侵害であり、個人の尊厳への攻撃であることなどを学びます。

この「プライベートゾーン」や「からだの権利」を通じて子どもは「相手が嫌がること

をしてはいけない」「誰かに嫌なことをされたら嫌だと言って逃げてもいい」「からだをどのように使うのかは自分で決めていい」という「自分や相手を尊重する」基本的人権に関しても学習することができます。

さらには「プライベートゾーンを触られたときや不快だと感じる触られ方を誰かにされたときに信頼できる大人に報告する」ことで子どもを狙う性犯罪の抑制につながります。

また、包括的性教育では性交渉や避妊に関する教育内容も明記されており、9〜12歳では「ペニスが膣内で射精する性交の結果で妊娠が起こることを認識する」、12〜15歳では「コンドームの正しい使い方をはっきりと示す」など、ここには書き切れないほど多くの学習目標が具体的に示されています。

このように、世界的には包括的性教育やプライベートゾーンの教育が広がり、早い段階から「自分や相手を尊重すること」「妊娠は自分の意志で計画可能なものであること」「困ったときには信頼できる人に相談すること」などの人生において非常に重要な内容を子どもたちが学校で学んでいます。そのような状況であるにもかかわらず、日本では「包括的性教育」や「プライベートゾーン」という言葉ですらほとんど知られないまま、学習指導要領の性交渉に関する『はどめ規定』が外されることもなく、現在に至っています。

おわりに

私自身も子どもの頃に性被害にあったことがあります。

ただ、それを「誰かに相談しよう」なんて考えもしませんでした。そのような恥ずかしいことを人に言ってはいけないと思いましたし、そのような目にあった私が悪いと怒られるのではないかと思いました。

生後0日の我が子を虐待死させてしまったママにどこかその思いを重ねてしまいます。虐待死をさせてしまったママの四人に一人が「予期しない、計画していない妊娠」であったと報告されています。その中には「その相手との性交渉を望んでいなかった」「相手がコンドームをつけてくれなかった」などの望まない性交渉により妊娠したケースも多く含まれていると思います。

本来であれば望まない性交渉を強要した相手が悪いのですが、「そのような恥ずかしいことを人に言ってはいけないと思った」「そのような目にあった私が悪いと怒られるのではないかと思った」このような考えから妊娠したことを誰にも相談できず、自分を責め続けて孤独な生活を送り、出産するママもいます。
結果、生まれたての我が子を殺めてしまった…。本当にママがすべて悪いのでしょうか？もし日本でもＳＲＨＲという「私たちは性や生殖に関する情報や手段を得る権利を持っている」という認識が広がり、「包括的性教育」をもとに学校で教育を受けることができれば、望んでいない性交渉を求められた場合に「止めて」とはっきり言えたかもしれません。妊娠に気づいたときにすぐに誰かに相談できたかもしれません。望まない妊娠をしたときの対応策をすぐ頭の中に思い浮かべられたかもしれません。

「包括的性教育」は「ウェルビーイング（幸福）」を最も大切にしています。

世界では、「包括的性教育」により「自分も相手も幸福になれる」ことを目指した教育を行っています。日本の性教育が最も大切にしているものは一体何でしょうか。結果として一番大切にするべきものを失っていないでしょうか。
この内容が「みなさんにとって何かを考えるきっかけになるといいな」と願っています。

誕生から考察する私が受けた性教育、受けなかった性教育

多摩市議会議員　遠藤ちひろ

少し児童虐待の話から離れて、１９７６年生まれ、現在45歳の私がどんな性教育を受けたか、そして受けなかったかを振り返ります。ほかの多くの中学生と同様、気恥ずかしさから保健体育の授業をまじめに聞かなかった生徒である自身の反省を踏まえ、学校教育における性教育の位置づけやさまざまな歪み、そして「望まない妊娠」の逆ワードである「幸せな妊娠とファミリーライフ」に向けたあるべき姿を考えてみます。

振り返ると９割デタラメ!?　中学生の頃の性知識

冒頭で触れたように私は現在45歳です。ベビーブームの最後の世代であるため、学生の頃はとにかく子どもが多かったです。私の通った勝田市立大島中学校（茨城県）は各学年

11クラス、中学全体で1100人を越える巨大マンモス校でした。

2021年現在、我が多摩市で一番大きな多摩中学校でも各学年4クラスで総生徒数は450名程度。私の母校は実に2・5倍の規模であり、先生の目が届かないところでツッパリや喫煙などヤンキー文化がはびこる時代でした。

性に対して、がぜん興味関心が高まる中学生時代ではあるものの、男女交際どころか女子生徒とは言葉を交わすことすら稀で、掃除の時間に「遠藤くん、さぼらないで机を運んでください」と指示をされたくらいしか会話の記憶がありません。もっとも互いに言葉は交わさなくても、真偽がわからないセクシャルトークや口コミが、男女を問わず生徒の間を駆け巡る時期でもあります。大島中学校でも3年の女子生徒が妊娠してしまったらしいとか、堕胎にまつわる後遺症や痛みなど、放課後はここには書けない生々しい話にあふれていました。

あれから30年が過ぎた今日の私から振り返ると、そのほとんどは医学的には過剰か過小が過ぎており、早い話が9割デタラメでした。それだけならば中学時代のよくある話で片付けられるでしょうが、誤った性知識がその後の将来を狂わせるような事例も発生しているとなると放ってておくわけにもいきません。

妊娠と避妊の生半可な知識は、児童虐待の主たる要因となっている「望まない妊娠」を引き起こしています。この妊娠と避妊こそ、正確な知識が広まっていない分野の最たるものでしょう。できることなら授かり婚『かつてのできちゃった婚』を避けたいという気持ちが相まって、適切な避妊をしないとすぐに「できちゃう」ものだと思っていた成人男性は（心の中で手をあげてください）想像以上に多いのです。

どのタイミングでの性交が妊娠につながるのか、つながらないのか。女性の排卵という言葉は知っていても、実際に自分の体に何かが起きるわけではない男性は排卵がどういう状態であり、妊娠との関係性も詳しく知らないのが事実なのです。

語弊を恐れずに言えば、子どもがほしいと思い始めてやっと多くの男性は妊娠に関する具体的な知識に接することになるのです。妊娠できる年齢についても「漠然と30代中盤くらいが限界なのかな？」という程度のものでした。40代の芸能人が子どもを授かってニュースになるのだから、40代の妊娠は珍しいのだろうと。

実際には、年齢要因に加えて妊娠につながる卵子の残数を示す値であるアンチミューラリアンホルモン（以下、ＡＭＨ／※１）という数値が、妊娠力に影響を及ぼします。従って大まかにいえば年齢とＡＭＨ値が妊娠や流産に大きくかかわるということです。

また不妊の原因の半分は男性側にあることも、ここ数年驚きとともに得た知識でした。このように性教育でも妊娠にかかわる分野の知識は、性別を問わず広く知られているとは言えません。女性ですら自分のＡＭＨ値をほとんど知らないのが実情でしょう。妊娠適齢期の知識不足は高齢出産、不妊そして少子化という日本における最大の課題につながっているといっても過言ではありません。

※１　ＡＭＨ値は、女性の卵巣内にどれぐらい卵の数が残っているかを表す数値です。簡単な血液検査で判明し、不妊症治療では近年がぜん注目されています。ＡＭＨ値は女性の体に残っている卵胞の在庫目安ですから、ＡＭＨ値では卵子の質について評価することはできません。一般に卵子の老化は実年齢に比例するため、同じＡＭＨの値であっても年齢が高くなればなるほど妊娠成果は悪くなるわけです。ＡＭＨ値は20代の女性で４・０～６・０ng／mℓと高く、年齢を重ねるごとに１・０以下へと低下していきます。不妊治療の現場では、例えば35歳と若ければＡＭＨ値が少なくても、採卵さえできればよい受精卵になる可能性が高く、妊娠の可能性が高まります。45歳の場合、ＡＭＨが高かったとしても卵子の質は45歳と高齢なので、流産や染色体異常になる可能性が高くなります。自費診療になりますが、ご自身のＡＭＨ値は八千円程度で調べることができます。

参考＝一般社団法人日本生殖医学会、医療社団法人碩和会、医療法人浅田レディースクリニックより

２０２１年の性教育と取り残される男子生徒

性教育を取り巻く環境は少しずつ変わってきているようです。２０２０年の『沖縄タイムス』の調査によると、性教育は文部科学省の学習指導要領に基づいて、小学校から高校まで着実に実施されています。小中学校は養護教諭と担任、高校は体育教諭が行い、現在も授業は男女別で行われることが多いようです（具体的な学習内容はＰ１１９表1を参考）。それぞれの地域や学校によって問題点（妊娠、性犯罪など）や児童生徒の状況（理解度、ＬＧＢＴなど）が異なるので、かなり踏み込んだ話をするところとそうでないところ、外部講師を招いて内容を広げるところと、学校によって大きく違うようです。

２０１９年に改定された東京都教育委員会による最新の「性教育の手引き」によれば「中学校男子編」においては、男性ホルモン、エイズ問題、男子の第二次性徴、女子が受けている授業内容の概要、体の成長の個人差、男性教師による体験談が中心。「中学校女子編」においては、女性ホルモン、女子の第二次性徴、男子が受けている授業内容の概要、月経の仕組み・月経周期、ナプキンの種類・使い方、月経時の入浴方法・着用すべき服、ナプキンがないときの対処法、体の成長の個人差、女性教師による体験談が目次に並びます。

MEMO

表1「学校の性教育で習うこと」

出典「Voice up Japan」、「東京都教育委員会」

小学3〜4年	体の清潔、男女の体の発育・発達、プライベートゾーン、初経と精通、異性への関心
小学5〜6年	命の誕生
中学1〜2年	月経と射精、受精と妊娠、性衝動、異性とのかかわり方、性情報への対処
中学3年	性感染症、感染経路と予防
高校	妊娠・出産、避妊、人工妊娠中絶

さらに男女問題だけではなく、LGBTQなど多様な性のあり方について触れられているのは、現代ならではと言えそうです。

いずれも男女が互いの授業内容を詳細に知ることはありませんが、こうして表示してみるとかなり踏み込んだ単語が並んでいます。性教育を取り巻く環境はだいぶ変わってきている印象です。

ここまで告白したように、例えば生理の周期や期間について、中学や高校はおろか、ずっと後年になるまで私は詳細に知りませんでした。さらに女性には生理というものがあることは知っていましたが、それが具体的にいつ来るのか、期間はどれくらいなのかなど一切知らなかったし、知らなくても特に支障がありませんでした。怒られそうですが、他人事として過ごしてきたのです。ほか、生理周期に合わせたホルモンバランスへの無理解が、感情の起伏や産後うつを引き起こすことがあることを知ったのはここ数年のことです。

この際だからまとめて白状するといつなら妊娠しやすいのか、そして受精と着床のメカニズムについて学術的に学んだのは35歳で結婚後のことでした。当事者にならないとそれらの情報に触れることすらないのです。

「生理期間に嫁がイライラするのは気づいていたけれど、それがなぜなのか。どうすれば良いのかいまだにわからない」とは、結婚14年になる40歳既婚男性の言。

友人数人に聞く範囲では、同年代男性は多かれ少なかれこのようなものでした。このような経験から、私は男子においてこれまで以上に中学から高校まで手厚く性教育を進めていくことが必要だと考えています。女子と異なり、生理や妊娠など自分の体に変化が生じない男子生徒には、具体的な事例に基づき映像やイラストなどでイメージを喚起しない限り、自分事にならないからです。

女子の場合であっても話しにくいテーマではあるのでしょうが、とにかく妊娠や生理は自分の体にリアルに起きる現象であり、知らないと生活に具体的な支障が発生します。

また妊娠のリスクは、女性側が大きく負うというのも残念ながら事実です。一方で、男性は性知識に興味はありつつも、正しい情報が入手できないことから、結局インターネットや先輩経由で怪しげな性情報が伝わっていくことがほとんどです。

アダルトビデオがこうも氾濫している日本では、スマホ（スマートフォン）を開けば生々しい映像があふれ返っているものの、その多くは男性目線でかなりアブノーマルなケースが多いようです。

学習指導要領においても男女平等な世の中ではありますが、これまで見てきたように男子学生は誤った性情報に触れる機会が多く、そもそも触れなくても生活できてしまいます。

私たち自治体議員も広く両性の性教育を語るとともに、男子生徒の性教育問題について、あらためてその内容やボリュームに注意をする必要があると思います。

機能不全家族におけるマルトリートメントと障がい児のきょうだい・LGBT

中野区議会議員　石坂わたる

マルトリートメントとは、虐待より広い概念で、「大人の子どもに対する不適切なかかわり」を意味しています。例えば、「あなたがいるから、お父さんやお母さんは幸せになれない」という言葉や、頻回の夫婦喧嘩、ほかの子との過度な比較や、子どもへの過度な干渉などが挙げられます。

機能不全家族とＡＣ／共依存／ほかのアディクション

アダルトチルドレン（ＡＣ）とは、子ども時代に親との関係で受けた心の傷が現在の生きづらさやパーソナリティに影響している状態を指す言葉です。もともとはアルコール依存症の家庭で育ったＡＣ（adult children of alcoholics）が注目を集めることとなりましたが、現在は機能不全家族のＡＣ（adult children of dysfunctional families）を含めて受け取られています。

家族の機能は大きく五つに分類されるとされています。性的欲求の充足と規制である「性的機能」、社会に適応できる人間を育成する「社会化機能」、共同生活の生産と消費の単位である「経済機能」、安らぎや憩いの場としての「情緒安定機能」、相互に扶養援助する「福祉機能」です。もちろん家族の機能は時代や社会状況によって変化するものであり、役割の一部が福祉や教育サービスなどに外部化されていたり、さまざまな家庭の形態があったりします。

しかし、生活困窮、高齢者や障がい児の介護や介助の負担、家庭内の暴力などを複合的に抱えた多問題家族では、親子間の虐待・マルトリートメント、夫婦間のＤＶ、全体的な家族の不仲や無関心などによってこれらの機能が大きく損なわれ、『機能不全家族』と言われる状況に陥りやすくなります。

障がい児のきょうだいへのマルトリートメントと多問題家族

障がい児のいる家庭が機能不全家族となる場合があります。障がい児がマルトリートメントや虐待のターゲットとなる場合もありますが、障がいのある子どものきょうだいがマルトリートメントの対象となることもあります。

親の注意が障がいのある子どもの養護にばかり意識が向いてしまい、健常児であるきょうだいが放置されてしまったり、きょうだいとして障がいのある子の面倒を一身に見なければならない状況に置かれてしまう場合があります。これが時に、健常児であるきょうだいの勉強や受験や就職に影響が及んでしまう場合もあります。いわゆる、ヤングケアラーというものです。あるいは逆に障がいのあるきょうだいにかけられない親の期待が、健常児のきょうだいに強くのしかかり、受験や就職への強いプレッシャーに晒されることもあります。

こうした中で家庭がうまく回らないことに関して親同士、あるいは同居の祖父母も含めた責任の押し付け合いや時に暴力が生じることもあります。

これらの複数の不具合が生じてしまっている状況に対しては、さまざまな行政機関がバラバラに個々の問題を解決していくことが難しい状況にあることもあり、多問題家族という視点で、縦割り行政を排して、家庭全体を調整・支援する形でのサポートが求められます。

なお東京都中野区では、2010年代当時、事業部として存在していた健康福祉部福祉推進分野（高齢者福祉を担当）、健康福祉部障害福祉分野、区民サービス部介護保険分野、子ども教育部子育て支援分野（教育委員会特別支援教育連携分野を兼ねる）のぞれぞれの事業の一部を束ねて横串の組織を作ることとなりました。そして、区長を本部長とする経営本部の地域支えあい推進室に「すこやか福祉センター」が設置され、多問題家族に対する家族や家庭全般の支援も行うよう位置づけられました。

すこやか福祉センターは、形式上は旧地域保健福祉センターと旧地域子ども家庭支援センターを統合する形で作られ、施設内に公設民営の高齢者の支援を行う地域包括支援センターや障がい者の支援を行う相談支援事業所も持ちます。

2020年代に区長が代わり、経営本部は廃止され、地域支えあい推進室もほかの部と横並びの支えあい推進部となりましたが、過去の経緯から、すこやか福祉センターが多問題家族に対する支援を行う仕組みが継続されています。

被虐待のハイリスク層であるＬＧＢＴ

ＬＧＢＴはレズビアン、ゲイ、バイセクシュアル、トランスジェンダーの頭文字です。広義にはＳＯＧＩ（性的指向と性自認）におけるマイノリティ全般を指します。先進国では同性婚が可能な国が増え、あらゆる職場や社会生活の場で自らのＳＯＧＩをオープンにして暮らす当事者の比率が増えてきています。しかし、全体の数からすれば、他者に対して自らのＳＯＧＩを隠して生活をしている人や自分の心にふたをして生活をしている人も少なくない現状にあります。

一方で、旧社会主義国、発展途上国、イスラム圏ではＬＧＢＴの存在が違法なものとして裁かれ、ＬＧＢＴであることによって懲役刑や死刑となる国、ＬＧＢＴであることを公にすることが禁止されている国、旅行客もむち打ち刑に処せられる地域などがあります。

日本では明治時代の一時期、同性間の性行為が違法である時期があったり、１９９０年代まで文部省が同性愛を児童生徒の問題行動の一つとして規定していたり、２０００年代初頭において、「おやじ狩り」や「ホームレス狩り」と並んで「ホモ狩り」と呼ばれる形で少年を加害者とするリンチ事件の被害にあったりということがありました。一方で、芸術的に秀でている、トークがうまい、オシャレな人が多い、機転が利くというプラスのイメージが語られることも多く目にします。

しかし、そういった場面で秀でていると評価される人は、そうした個性を持つがゆえにＬＧＢＴであることが足かせになりにくく、自らのＳＯＧＩをオープンにできています。実際にはＬＧＢＴはあらゆる職業、あらゆる所得階層に存在しています。しかし、目に見えないということで黙殺され、居ないことにされているＬＧＢＴ当事者も少なくありません。こうした中で、「ＬＧＢＴはテレビの向こうの存在や自分たちとは縁遠い世界の住人であって、職場や近所にはいるはずはないし、ましてや自分の家族に存在しているなどということはありえない」と多くの人が考えている状況が続いてきました。

近年、「声をあげずにひっそり暮らしている分には、多少の不便はあっても居心地がいい」という状況に甘んじがちな環境を変えようと主張する人、当事者の社会活動によって社会を変えようとする人、そこまで肩ひじ張らずとも親族や友人や職場の同僚にカミングアウトをして生きる生き方を選ぶ人などが日本でも増え、そうした中で、性同一性障がい者の性別変更に関する特例法の制定や省庁単位での人権啓発の取り組み、自治体単位での差別解消の取り組みや同性パートナーシップ制度が進んできました。

しかし、子ども時代を含めて自らのＳＯＧＩを明らかにすることで不利益を被るケース、ＬＧＢＴであることを知られることによって心身への攻撃を受けるケースも少なくない状況にあります。また、そうした事態を避けるために、他者に自らのＳＯＧＩを知られることを極度に恐れながら生活をしている人、自らの感情にふたをして生活をしている人、過剰適応に陥っている人もいます。

ＬＧＢＴとマルトリートメント

一部の子どもたちは幼少期から、社会から受け取るメッセージ、家族の中の会話から、ＬＧＢＴについてネガティブなイメージを抱えて育つことが少なくありません。

加えて、一部のＬＧＢＴは幼少期に「どこかみんなと違う」ことで虐めにあったり、そうした中で、旧来の性規範を周囲から押し付けられたりすることで「自分がいけない」という罪悪感を抱えてしまうことがあります。

また、自分と他者との違いがアイデンティティの確立に大きく影響する思春期までに、「みんなと同じではない自分が恥ずかしい存在」「ばれたら生きていけない」「誰にも相談できない」「明るい未来が想像できない」「周囲の期待に沿えない」という考えを持つことや、その結果として、自己肯定感・自己有用感・自己効力感が低くなってしまうことがあります。こうした状況が将来にわたって、「他者との信頼関係の確立」「親密的な恋愛」「自分の人生の方向性に確証を持つこと」、「私は私でいてよいと思う感情」について課題を抱えてしまう場合があります。こうしたことが、ストレスに対する脆弱性を抱えやすくし、そこにさらに家族や周囲の大人からのLGBTに対する批判的な言動に晒されることは、子どもに一人では抱えきれない不安や絶望やそれ以外のストレスをもたらします。子どもや若者によっては、過剰適応、AC、アディクション（薬物・アルコールなどの物質への依存、セックス・ギャンブル・窃盗などの触法行為などの行為への依存、恋愛依存や共依存などの人への依存）、抑うつ・自殺企図などに至ることになります。

見えないマルトリートメント、虐待

多くのLGBTの子どもは自分たちのSOGIをひた隠しにしている場合が多々あり、多くの大人たちが自分たちの発言が、子どもに対するマルトリートメントになっているという自覚なくなされています。また、一部には、親にバレてしまい、親の差別心、周囲への羞恥心に直面し、時に子どものSOGIを治すという言い訳での虐待やマルトリートメントを受ける場合もあります。

自覚、無自覚を問わず、LGBTの子どもたちになされるマルトリートメントの多くは、LGBTに対する偏見や先入観に左右されるところが大きいことがあります。LGBTの人口比は数%~7%ほどと諸説ありますが、自分の目の前の子ども、あるいはこれから生まれてくる子どもが少なくとも数%の確率でLGBTであるという意識を持って、その可能性を受容できるようになることが大切です。

社会的コスト

障がい児やそのきょうだい、LGBTの児童に対する虐待やマルトリートメント、それを生みかねない環境が放置されている状況は、目の前の問題だけでなく、将来の就労の失敗や、刹那的なライフスタイル、犯罪といったことにも影を落とし続ける可能性があります。その社会的コスト(単なる経済的なコストだけでなく、幸せや健康、人命に関するコスト）は計り知れないこととなります。

親の権利、子どもの権利

児童虐待やマルトリートメントにおいては、親の「未成年者の子どもを監護・養育し、その財産を管理し、その子どもの代理人として法律行為をする権利」と、子どもの「安全に育ち、参加をしていく権利」とが衝突します。

「世間に迷惑をかけたり、不快な思いをさせたり、白い目で見られたりするのではないか」「社会に適応できなくなれば、友だちがいなくなったり、就職ができなくなったり、成人後に本人が困ったりするのではないか」

そういう風に親が抱えてしまった不安から、最初は善意で「何とかしてあげなければ」という思いがきっかけで始めたしつけなどが、いつしか児童虐待やマルトリートメントになってしまっているものも多いと思われます。

社会がより許容的に幅広い人を当たり前の存在として受け入れ、誰とも支え合え、必要なときには遠慮せずに適切な支援が受けられるといった環境が得られないしわ寄せが、親子の心を締め付け、委縮させ、不安に駆らせているという視点が必要です。

親の権利も、子どもの権利も、「社会の都合で侵害されてしまっているのではないか」という意識を持って、虐待やマルトリートメントの当事者や社会とかかわることができるかどうかが、今後の児童虐待やマルトリートメントの行方に大きな影響をもたらします。

多様性ある社会が虐待やマルトリートメントを減らす

・親を責める
・家族を責める
・子どもを責める

そういうことではなく、誰もが虐待や被虐待の当事者や、リスクを抱えている存在として虐待やマルトリートメントがなかなかなくならない社会とどうかかわり、それらを未然に防ぎ、多様な子どもが安心して育ち、その親が安心して子育てができる環境を作っていく意識を持ち、行動することが、行政にも議員にも住民にも求められています。

障がい児への虐待の背景にある問題をすべての人に一度考えてほしい

中野区議会議員　石坂わたる

出生前の情報の少なさと出生前診断、パーフェクトベビー願望

障がいのある子どもの子育てに初めて向き合うタイミングは、主に3つあります。

・出生前診断で障がいのある子どもの妊娠がわかり、産むかどうかを迷うとき
・出産直後に子どもに障がいがあることがわかったとき
・子どもの成育過程で障がいを持つ、あるいは障がいが明らかになるとき

そして、この出会いが「障がい児との初めての出会いである」ことも少なくありません。「子どもは健常児として生まれてくることが当然だ」と、親も、その周囲の人も考えている場合が多く、障がい児の親となるイメージを持っていないことがほとんどです。

近年、学齢期に障がい理解教育を受けたり、特別支援学級や特別支援学校との交流教育

を経験したりする児童生徒も増えていますが、障がいを持つ子どもの親になることや、障がいを持つ子どもの子育てについてはまったく未知の領域ではないでしょうか。

障がい児の親になる可能性について、「障がいのある子どもの親になるかもしれないという不安を煽ることが、両親の不安を煽るのではないか、ひいては少子高齢化に拍車をかけるのではないか」と心配をする声もあるようです。しかし、障がい児の子育てについてイメージができ、障がい児やその家族が使える社会的な支援を知っておくことが、障がいの有無にかかわらず、子どもの親となることへの安心にもつながります。また、出生前診断で胎児に障がいがあることがわかった場合にも、妊婦や親族のより冷静な判断や、産むという決断をした場合の気構えにもつながります。なお、なかなか子どもができずにようやく妊娠をした場合、不妊治療を長年受けていた場合、あるいは両親や祖父母や周囲の期待が大きい場合ほど、親のパーフェクトベビー願望が強く、障がい児の妊娠・出産のショックが大きくなり、出産後に子どもを受け入れることができない、自分を責めて苦しむ、福祉や近隣や親族などの協力を得た形での子育てに踏み切れなくなることがあります。

学齢期から誰もが将来「障がい児の親になる可能性がある」ことを知り、健常児だけでなく、障がい児の子育てはどういうことかを学べること、妊娠期の母親・父親が「もし自分たちの子どもが障がい児であった場合にどうするのか」を考え、どういう支援が得られてどのような子育てになるのかを知ることができる機会を増やしていくことが必要です。

虐待やマルトリートメントの可能性は子どもの行動に現れる

健常児に比べて、障がい児は「言葉で表現ができない」、「自分の状況が理解できない」ということが少なくありません。しかし、もともとの障がい以外の、親への愛着障がいによる行動上の特徴をきっかけに、家庭内における虐待が疑われる場合があります。

障がいが重い子、不適切な行動が身についてしまっている子を含め、どんな子も、根本の部分では、勉強やそれまで知らなかったことがわかるようになる、上手な動作や行動ができるようになる、周囲から受け入れられる望ましい言動ができるようになる、立派な人として褒められることに対して喜びを感じます。

もしそうでない場合、「①適切でない目標や課題が与えられている」、「②周囲から不適切な対応をされている」、「③自身の欲求や感情を自分の中で整理ができなかったり相手に理解してもらえなかったりすることを背景に不適応行動が表れている」ことがあります。

この三つが複合的かつ強く発生してしまっている場合、大人からのマルトリートメントや虐待が背景にある可能性があります。そして、障がい児の不適応行動が家族を苦しめていたり、家庭内で子どもの不適応行動と両親のマルトリートメントとが負の連鎖に陥っている場合があります。子どもに不適応行動が見られたときは、家庭の様子をしっかり探り、辛さを吐露できる機会を設けたり、家庭で困っていることに支援の手を指し伸べることが必要です。また、虐待の可能性があるとき、親と子のどちらも社会的に孤立をしてしまわない方向に持っていくことが重要です。

親の価値観、行動を変えるのは大変

障がいのある子どもだからといって、最初から虐待をしようと考えている親はまずいません。一方で、障がいのある子どもは極端に自己主張が弱かったり、極端に強かったり、反応が薄かったり、過敏だったりすることがあります。そうした中で、子育てのしづらさを感じてしまったり、周囲の目を気にしてしまったりして「迷惑そうに見られないように」「変な子と見られないように」「しつけができない親と見られないように」との気持ちから余裕がなくなってしまうことがあります。

また、親や周囲の期待に沿う成長が子どもに見られなかったり、親の意図がうまく子どもに伝わらなかったり、そうしたことが重なると子どもとのやり取りの中で、親自身も不適応行動として虐待やマルトリートメントに陥ってしまうことがあります。

親の心中は自分を責める気持ちと、「自分は子どものために一生懸命正しいことをしようとしているのに」という気持ちがごちゃまぜになってしまっていることがあります。こうしたときに、周囲や支えとなるべき人が親を責めてしまったりダメ出しをしたりしてしまうと、親はさらに自分を責めてしまったり、子育てを諦める方に向かってしまったりすることがあり、「こんなに頑張っているのに理解をしてくれないのはひどい人だ」とダメ出しをした相手や周囲を責める形で、敵意や反感、反発を生み、孤立を深めることがあります。教育や福祉の指導者、支援者は子どもとは日々接しているものの、親や家庭にかかわる機会は段違いに少ないのが実情です。そうした中で、親と関係性が切れてしまうことがないように、信頼関係の構築が最初の段階で重要であり、親の気持ちを汲み取り、共感しながら、しっかり話を聞いて支えることが大切です。

そして、望ましいかかわり方としては親に対する言葉以上に、支援者などが子どもとかかわる中でその子が変わる姿を見せることで結果として親に気づかせていくことが必要となります。もちろん、親子を切り離すことが時に必要なこともあり、その場合も極力力づくで引き離すのではなく、「親が余裕を持って子どもにかかわれるようになるための休息をとるために距離をとる機会を設けるのだ」というような形をとるなどの配慮が求められます。

誰の目から見ても明らかで、生涯にわたって親子分離をさせる必要がある場合には、力づくで親子を分離させる判断もあり得ますが、一時的に引き離す必要がある場合には、無理やりな引き離し方をしてしまうと、その子が家族のもとに帰った後、さらに閉ざされた子育てになってしまう可能性が潜んでいることを知っておいた方がいいでしょう。

虐待と触法障がい者

近年、社会福祉士や精神保健福祉士が司法ソーシャルワーカーとして触法障がい者の裁判に関与し、更生支援計画を作る動きが広がっています。司法ソーシャルワーカーは触法障がい者が執行猶予となった後や、有罪となり刑期を終えた後の継続的な支援ができないという限界がありますが、更生支援計画とそれに基づく支援によって、触法障がい者が刑務所から出てはまた入るという回転ドアになることなく、地域に戻って支援を受けながら再犯を防ぎつつ生活をするという、更生支援の考え方が徐々に広がる流れとなっています。こうした触法障がい者の中には、障がいに関する本人への支援や、障がい児を抱えた家庭の子育てに対する支援が不足する中で、機能不全家族・多問題家族の中で育ち、成人後も支援の手から漏れ続けてしまい、仕事や日中の居場所を得られず、鬱屈し続け、困窮し続けた結末に起こす触法行為の可能性もあります。

マルトリートメントや虐待を受けた障がい児がすべて大人になって触法障がい者となるわけではありません。しかし、マルトリートメントや虐待を防ぎ、家庭における機能不全や多問題を解消し、家庭の本来の機能がスムーズに働くよう適切な支援がなされていることが、こうしたケースの刑事事件の加害者も被害者も生まないことにつながっていきます。

児童虐待を過剰に心配する親の支援

一方で、児童虐待防止、障がい者虐待防止の啓発が進む中で、「自分のやっていることが虐待ではないのか」「子どもに対して叱ることが怖い」と感じている親も増えています。

子どもを叱るたびに、近所の人に警察を呼ばれてしまう出来事が起き、子どももそのことを理解したうえで「僕のことを叱るとまた警察が来るよ」と、親の言うことを聞かない事例も出てきています。そして、こうした状況に悩んでいても「相談に行ったら、虐待をする親として扱われるのではないか」「子どもと引き裂かれてしまうのではないか」ということを心配して、相談に行きづらいという親の声もあります。

東京23区では児童相談所の都から区への移管において、児童相談所設置とともに従来の区の子ども家庭支援センターを統合する形で、子ども家庭支援センターを廃止する区も多くあります。両方の機能が連携を行うことが重要ではありつつも、虐待を発見して親子を分離する機能を持つ機関と、親が安心して相談できる機関を分ける政策的な判断もあり得るのではないかと思われます。例えば、東京都中野区では、子ども家庭支援センターのもともとの形態として、区の真ん中にある区役所内の子ども家庭支援センターと区内4ヶ所の地域子ども家庭支援センターが設置されていました。区役所内にある子ども家庭支援センターは新設の児童相談所と統合されますが、もともとの地域子ども家庭支援センターと地域保健福祉センターを統合した区内4ヶ所のすこやか福祉センターの、『子ども家庭支援』の機能は児童相談所設置後も残されることになっています。

マルトリートメントと虐待を防ぐ取り組みの例

とある民間の放課後等デイサービス（就学し、支援が必要な障がい児を対象として、授業終了後、または休業日に生活能力向上のための訓練、社会との交流促進などを行うサービス『放課後デイ』）を視察した際、子どもが放課後デイに通っている時間だけでなく、24時間親からの電話を受けるようにしているという話を聞きました。

最初は延々と話をされていた親も、回数を重ねるたびに時間が短くなったり、電話をかけずに気持ちを落ち着かせられたりすることが増えたという変化があるそうです。もちろん、こうした業務は放課後デイの法律上に規定された支援ではなく、業務時間外のボランタリーな対応です。制度としてこうした取り組みを支援することも課題となっています。

自分とは関係の薄い、遠いどこかの家庭で起こっていることと捉えてしまうのではなく、自身が障がいのある子どもの親になった場合はどうするのか、そして虐待を防ぐためにはどういう社会にしていくべきなのかを誰もが想像でき、それを素に世論の形成や制定のデザインを進めていける地域にしていくことが大切ですし、そうした地域づくりが私たち議員の役割でもあります。

双子を育てる親が考える『多胎児家庭支援』の必要性

杉並区議会議員　松本みつひろ

毎日がすれすれでギリギリ。双子の父として気持ちがわかった

東京都内で双子を育てているある父親が、保育園の連絡帳に書いた「二人の子どもが今日生きているのは先生方のおかげです」というコメント。それを読んだ母親は、「これを読んで、私、殺していたかもしれない、あの三つ子のお母さんは私だったかもしれない」と思ったそうです。「あの三つ子のお母さん」というのは、愛知県豊田市で発生した虐待死事件で逮捕された母親のことを指しています。

２０１８年1月11日午後7時頃、自宅で生後11ヶ月の次男が泣き止まないことに腹を立て、床に二回叩きつけ、その後我に返った母が１１９番通報し、次男は病院に運ばれましたが、26日に脳損傷によって亡くなり、母親は殺人未遂容疑で逮捕されました。

痛ましい事件です。このような事件はあってはならないし、踏みとどまることができず子を殺めてしまった母親に、一定の責任はあると思います。そのうえで、多胎育児の当事者である私には、「泣き止まないことに腹を立てている」その心象風景が、自分のものとしてありありと再現されました。踏みとどまることができた自分たちと、越えてしまった豊田の母親との距離がほんのわずかであることに、胸をしめつけられています。

多胎育児って実際はどうなの？

かわいい子たちとの幸せそうな育児に見える多胎育児。大きなベビーカーに子どもを乗せ、目立つ分道行く人に声をかけられるようになり、そのうちに毎日のように挨拶を交わす人ができ、地域に支えられ子育てができている、そんな風に見える面もあると思います。

「そんなに大変なの？　きょうだいを育てるのと何が違うの？」

そう感じる方は多くいるようで、違いを聞かれることがよくあります。私自身は双子の育児経験しかないので、客観的な説明はできなさそうです。それを前提に私が感じていることとしては、ほとんど同じ発達段階にある二人の子どもを同時に育てていると、二人を常に比較してしまう（ほとんどのポイントが多少の発達差であり、でも親にとっては目につき、気になってしまいます）こととなり、比較してしまうこと自体の後ろめたさを常に感じている点は特殊なのかもしれません。

また、一人は公園に行きたい、もう一人は駅に行って電車を見たい、というような場面で、両腕を逆方向に引っ張られ、組体操の「扇」の技のようになることもしばしばあります。「きょうだいであれば、年上の子が譲るようなこともあるのかなー」と扇の要になりながら思うことがあったりします。もちろん、年子でも同じような場面はあるでしょう。「ほかの子育てよりも双子が大変だ」と言い切ることはできませんし、そもそもそんなことが言いたいわけではありません。

私の主観を排し、単胎育児と多胎育児を比べた研究として、厚生労働省が行った「平成29年度子ども・子育て支援推進調査研究事業　多胎育児家庭の虐待リスクと家庭訪問型支援の効果等に関する調査研究」があります。それによると、多胎児は単胎児に比べて1.3倍虐待死の発生頻度が高まっており、これを「家庭」で計算すると、多胎育児家庭は単胎育児家庭に比べて2.5倍虐待の発生頻度が高いことが判明したとされています。

このような事実を基に考えれば、多胎児家庭を支援することによって子どもの「守られる権利」を擁護し、虐待を未然に防ぐ効果が高いことは客観的・合理的に認められることではないでしょうか。そして、多胎育児家庭が育児しやすい社会は、単胎育児家庭にとっても育児しやすい世の中になるだろうと思っています。

客観的な記載に努めましたが、当事者がどのような思いで日々を過ごしているかについては、２０１９年に多胎育児のサポートを考える会が行った「多胎児家庭の育児の困りごとに関するアンケート調査」（以下、市倉レポート）により詳しく書かれています。一日にオムツ替え28回、授乳18回。私もそうだったのかもしれませんが、当時の記憶がありません。

MEMO

多子・多胎児世帯への支援 ※一部抜粋

（令和2年度予算額＝87億円）

とうきょうママパパ応援事業

(1) 多胎児家庭支援事業

項目	移動経費補助	多胎児家庭サポーター事業	多胎ピアサポート事業
概要	母子保健事業利用時などの移動経費を補助	家事育児サポーターを派遣し、産後の家事・育児支援、外出時補助を実施	多胎児育児経験者による交流会、相談支援事業を実施
補助対象など	【対象者】3歳未満の多胎児がいる世帯、多胎妊婦 【補助率】都10/10		
補助基準額	24,000円／年	2,700円／時間	215,000円／月
備考	保健師などとの面接を条件とする	【年間利用時間】 0歳＝240時間 1歳＝180時間 2歳＝120時間	

(2) 産後家事・育児支援事業

家事育児サポーター（ベビーシッター、家事支援ヘルパーなど）を派遣し、産後の家事・育児を支援

対象者	第1子	第2子 ※2
年間利用上限 ※1	60時間	180時間

【補助基準額】2,700円／時間
【補助率】都10/10
※1＝1世帯当たりの利用上限
※2＝出生時の兄姉が3歳未満

動き出した多胎育児支援

市倉レポートでは、「多胎育児中に『辛い』と感じた場面」や「どのようなサポートがあれば、気持ちが和らぐか」という質問がされており、この回答を踏襲するかのように、急速に多胎児家庭を支援する制度が整えられています。

東京都の令和2年予算に、多子・多胎児世帯への支援を行う「とうきょうママパパ応援事業」の一環として「多胎児家庭支援事業」が新設されました。

移動経費補助は「外出・移動が困難である（89・1％）」に、多胎児家庭サポーター事業は「自身の睡眠不足・体

ベビーシッター利用支援事業（一時預かり利用）

令和２年度より、利用対象者に一時預かり利用を新規に追加（保育認定の有無を問わない）

【対象】日常生活上突発的な事情などにより一時的な保育やベビーシッターを活用した共同保育が必要になった保護者

【対象児童】０～２歳児　【補助基準額】2,500円／時間

【利用時間】月８時間（多胎児は月16時間）　【補助率】都10/10

多子世帯負担軽減（保育サービス）

第２子以降の保育料について、国の制度で対象外となる層に対し、都独自に補助を実施

【住民税課税世帯の負担イメージ】

	国の制度による保護者負担				都の制度による保護者負担			
第2子（0〜2歳）※第1子が就学前	保護者負担	国 1/2	都 1/4	区市 1/4	保護者負担	国 1/2	都 1/4	区市 1/4
第2子（0〜2歳）※第1子が小学生以上	保護者負担				保護者負担	都独自補助		
第3子（0〜2歳）※第1子が就学前	国 1/2	都 1/4	区市 1/4		国 1/2	都 1/4	区市 1/4	
第3子（0〜2歳）※第1子が小学生以上	保護者負担	国 1/2	都 1/4	区市 1/4	都独自の負担	国 1/2	都 1/4	区市 1/4

調不良（77・3％）」「自分の時間がとれない（77・3％）」「家事育児の人手があれば気持ちが和らぐ（68％）」に、多胎児ピア（同じような立場の人による）サポート事業は「大変さが周囲に理解されない（49・4％）」「同じ立場の人との交流があれば気持ちが和らぐ（43％）」に、それぞれ応えるように設計されています。

多胎児家庭支援事業の実現
～東京都杉並区の事例～

多胎児家庭支援事業が東京都の予算案に盛り込まれた直後に開かれた、令和2年度杉並区議会第1回定例会にお

いて、私はさっそく多胎児家庭支援を一般質問で取り上げました。多胎児の親が多胎児家庭支援を質問するのは、我田引水のようで気が引ける思いがあったのも事実です。それでも、多胎児家庭の育児の苦しさや、虐待リスクに親自身がおびえているような状況を見過ごすことができず、その中で東京都の「多胎児家庭支援事業」は多胎児家庭にとって大きな力になるという確信があり、思い切って挑みました。

市倉レポートが社会を動かし、東京都の新規事業に結実した理由の一つに、冒頭で紹介した「私、殺していたかも」といった当事者の悲痛な叫びがセンセーショナルに報道されたことがあり、それが世間の関心と共感を呼び、多胎児家庭を助けようという施策の立案につながったのだろうと捉えていました。私も質疑を通じて、役所と議会の共感を得ることを意図し、以下のように質問をしました。

「事件が起きた愛知県豊田市では、市の児童虐待事例外部検証委員会が、（中略）市の対応の評価と今後の対策をまとめた報告書を公表しています。まず、区の所管はこの報告書

市倉レポートの執筆者である「多胎育児のサポートを考える会」代表・市倉加寿代さん

を読んでいるか、どのような認識を持ったか確認します」

この質問に対する杉並区子ども家庭部長の答弁は、以下のようなものでした。

「報告書の内容は、私どもも把握しております。本事例は、多胎および低出生体重児として豊田市が支援していた中で発生したものであり、市において、特に支援が必要な妊婦として、医療をはじめとする関係機関との連携による継続的な支援が行われておらず、多胎児支援に対する認識も不十分であったことなどの課題、及びそれらを踏まえた提言がなされております。本区としても、同様な事例が発生することのないよう、あらためて本報告書の内容を関係職員間で共有し、今後の支援に生かしてまいりたい」

「報告書を読んだか」「どのような認識を持ったか」という質問をすることは、事前に担当部署にお知らせしています。以前から読んでいたのか、質問内容を把握してから読み始めたのかはわかりませんが、この質問をすることで、豊田市の報告書を多くの関係職員が読んでくれることになりました。虐待防止に普段から熱心に取り組んでいる職員にとっては非常に悲しい、そして、行政にとって悔いの残る事案である豊田市の虐待死のような事件を起こさないために、提言を踏まえた対策強化をしなくては、という気持ちになってくれたのだと思います。子ども家庭部長の答弁を聞いて、区とともに多胎児家庭支援に取り組んでいけると感じました。

この時点では多胎児家庭支援事業は予算案に過ぎず、具体的な補助ルールなどは東京都から示されていません。その状態にもかかわらず、「東京都から補助要綱などの詳細が示された段階で、区内の多胎児家庭の支援としての有効性などを十分検討してまいりたい」という答弁となりました。9月の第3回定例会に年度途中の補正予算案として多胎児家庭支援事業の必要経費が計上され、令和2年11月に移動経費補助、多胎児家庭サポーター事業、多胎児ピアサポート事業それぞれが、杉並区で開始されることになりました。

多胎児家庭支援の今後の展望

令和2年度の途中から開始された杉並区の多胎児家庭支援事業は、新型コロナウイルス感染症の影響で厳しい予算編成となった令和3年度も引き続き実施されています。せっかくの事業ですが、多胎児家庭に活用してもらううえでの課題も見えてきています。

一例を挙げると、多胎児家庭サポーター事業について、利用可能な時間が令和3年7月末時点で平日の9～17時とされています。これは家事育児サポーターと利用者の間にトラブルが起きた際に、区が介在できるようにという観点で、産前・産後支援ヘルパー事業でも同様に設定されているルールです。

ところが、この時間帯は保育園に子どもを預けている世帯も多く、子どもがいない時間は使えない決まりなので、子ども全員が保育施設に通う世帯では事実上活用できません。保護者の働き方によっては、お迎えの後や土日に多胎児とのワンオペ育児を行っている世帯もあり、そのときに家事育児サポーターに助けてもらいたいという多胎児家庭のニーズについては、現在区でも把握に努めており、必要な検討をしていく予定とのことです。

また、支払いは杉並区の「子育て応援券」または現金での支払いとなりますが、利便性や感染症対策の観点からも、キャッシュレスでの決済を求める意見を伺っています。多胎児ピアサポート事業についても、今後多胎児家庭支援事業を多くの自治体が導入していくようになると、ピアサポートの担い手がいないという自治体も出てくるだろうと思います。

東京都内の多胎児サークルの連合会である「一般社団法人関東多胎ネット」が、その役割の一つとして、地域多胎サークルの立ち上げ支援を行うことを目指して体制整備を進めるなど、民間団体の助力も得ながら行政として多胎児家庭の育児を支援していくといった地域にある有機的なネットワーキングを活用した、官民が連携した取り組みが求められています。杉並区には多胎児サークル（双子ちゃんと一緒！@すぎなみ）があり、自主的に担い手づくりの活動を行っています。

すべての子育て家庭の支援充実へ

冒頭の「多胎育児って実際はどうなの？」の項にも書いたとおり、多胎育児って大変だと思うのですが、年子育児も大変だし、子どもの個性によってはきょうだい児でも一人っ子でも大変な場面はあると思います。実際に、多胎児家庭支援事業の実施が決まり、そのことを私が発行するレポートに掲載したところ、「多胎児だけが対象なのはなぜか。年子も大変なのですが」というお便りをいただいたこともありました。

先にも記しているとおり、年子も含めたほかの子育てより、多胎育児が大変だということは思っていません（私には判断できません）。取り組み当初から強く思っていたことは、

「多胎児家庭支援事業は、子育て家庭全体への支援拡充のきっかけ」ということです。
多胎児家庭支援の必要性が認められ、多胎児以外の家庭にも支援の必要性が認められていけば、どのような状況の子育て世帯にも、今よりも厚い支援がされていく。そのことによって、家庭の状況に左右されず、自分の進みたい道を堂々と歩んでいくことができる子どもが増えていくことを、杉並区は応援しようとしているし、私も私の立場から応援していきたいと思っています。

私たちはそろそろ、誰かがかわいそうな目に遭って、それがきっかけとなって世の中を変えるという考え方から脱却していかなくてはいけないと思っています。この本を読んでくださっているあなたが同じ考えをお持ちであれば、ともに、そして未然に、世の中を変えていきましょう。

第3章

子育ての専門家にインタビュー
～「児童虐待防止プロジェクト×社会福祉士」～

教えて！辻先生 ～児童虐待Q&A～

横山と町田が議員になりたての頃の気持ちに戻って考えた10の質問に、社会福祉士の辻由起子先生が回答します。読者の皆様と一緒に児童虐待について考えます。

品川区議会議員　横山由香理
大和市議会議員　町田れいじ

●社会福祉士　辻 由起子（つじゆきこ）先生
1976年、大阪府茨木市生まれ。19歳で娘を出産、23歳でシングルマザーに。自身の経験を踏まえ、大阪府子ども虐待防止アドバイザーや茨木市政顧問（13～16年）など、各地の自治体の子育て支援施策づくりにかかわる。多岐にわたる活動内容は全国新聞での特集のほか、24時間テレビ、おはよう日本などマスコミに多数取り上げられている。

1 どうして子どもの虐待って起きるの？

辻先生　そもそも虐待する気で産んだ人なんて一人もいません。でも、子育てってわからないことを前提に皆スタートして、その状況の中で「適切に子育てしましょう」って言っても、できないことだらけ。うまくいかないことって絶対に誰かに聞くでしょ？　習うでしょ？　やり方を教わるでしょ？　でも、なぜか子育てだけは「親だったらできるでしょ」とか「親なんだから頑張れ」と言われます。努力や根性、愛と言葉にされても、そんなんじゃうまくいかないから、ますますストレスが溜まる。ストレスって弱い方、弱い方へと向かって行ってしまうので、それが子どもに向いてしまいます。とにかく、みなさん共通しているのが、やり方が分からなくて戸惑っていること。適切なやり方を誰からも学ばずに、誰ともつながれずに、「助けて」とは言えません。

町田　母親に、愛とか母性とかって言うのは、根性論と変わらないってことですね。

2 虐待って連鎖するって聞くけど本当？

辻先生　連鎖するってよく言われます。でも、実は本人に何かの課題があるというよりは、その人の過ごしている環境に問題があって、それが連鎖したときに虐待が連鎖する可能性があります。虐待を受けて育っても虐待しない人はたくさんいて、連鎖するかしないかの境目は社会の側にあると私は現場を通じて感じています。もし周囲が適切なサポートを用意できて、本人が本当に望んでいる支援を社会が行えたら不安もなくなるし、困難もなくなるし、課題もなくなっていく。社会で見守りつつサポートしていければ、一つずつステップアップしながら連鎖って言われるものをなくしていけると思います。

横山　虐待を学び始めた頃、私はそこに全然気づいていませんでした。背景とか、何が悪いのかとか。連鎖すると言っても何が連鎖するのか細かいところがわかりませんでしたが、今回の取材でさらに考えが深まりました。

町田　知るって本当に大切です。私も「貧困の連鎖、虐待の連鎖を止めよう」という話をするんですが、その連鎖という言葉が属人的に使われてしまうと、本来被害者である虐待された側に加害者予備軍というレッテルを貼る恐れにもつながってしまうんですね。

3　虐待って経済的に貧困だから起きるの？

辻先生　虐待と貧困が密接にかかわっていることは間違いないです。ただ、それがすべてではありません。そもそも貧困に陥るのは、適切に社会とつながれていないことも原因の一つで、例えば公的なサポートであったり、福祉であったり。誰かの支えとか、誰かとのつながりとかがあれば、貧困から抜けていくこともできる。さっきも言ったとおり、「社会の側でつながるような仕組みづくり」が必要になっているなと実感しています。

横山　制度というか、政策といいますか、仕組み的なことで何かお考えはありますか？

辻先生　制度・政策というと、必ず出てくるのが数値目標。児童福祉士を何人増やして、児童相談所をいくつ増やして、予算をこれだけつけて、と。それで何とか解決していこうという仕組みはたくさん作られてきました。でも、仕組みをいくら作っても、今度はその新しい制度・仕組みに職員さんが合わせていくので精一杯。制度や知識を使いこなせるだけの人間力を持った人を育てることがやっぱり一番大切です。じゃあ、もっと基礎自治体でうまく回すにはどうしたら良いかっていうと、例えば地域にいる民間団体さんとタッグを組んで一緒に事業をする。中間支援組織に予算をわたせる仕組みだったり、それを後方支援できるような仕組みを作ることです。

これは簡単だし、行政側の人が異動しても継続して同じ人が長い目で対象の方を見守れるので、そういう意味では大きく制度や仕組みを変えるより、基礎自治体で住民と行政が本当の意味で協働できる仕組みづくりが次の時代には求められてるなと感じています。

4 「アタッチメント」って何？

辻先生　アタッチメントって「愛着」って訳されるんですけど、これ「親の愛」みたいな精神論では全然なくって「愛着形成が大事ですよ」という話です。対象は誰でもいい。誰かたった一人で良いから、大人から適切に愛着形成を学んでいけば人を通して適切に社会とつながっていける。自分と他人を大切にするために、まずは大事にされる経験、体験が人には絶対必要ということです。

横山　もう少しだけ掘り下げたいんですが、自分を大切にするってどういうことだと、当事者の方々にお話しされてますか？

辻先生　気づいたその日から人生はいつからでも取り戻せると話をしています。子どもの頃に虐待を受けたから、もしくは虐待してしまったから、もう手遅れというのではなくて。過去は気にしないで、とりあえず「今できること」をして「未来に向けての視点」を持つこと。まずはこれだけでいいんです。

5 虐待している親は子どものことかわいそうだと思わないの？

辻先生 もちろん、すごく苦しい。どうしていいかわからなくて、助けてくれる人も身近にいなくて、でもイライラする自分を止められなくて。そのイライラの捌け口もなければ、物理的にその環境を変えられる手段もない。せめて、そのストレスをワーって発散したいけど、子どもを置いて出て行くわけにもいかないし、お金がないから旅行に行くわけにもいかないし。それで、溜まったストレスを家の中で発散するしかなくって、止めたいんだけど止まらないの、もう自分が。かわいそうと思ってるし、嫌だし、自分のことも大嫌いになるし、苦しい。でも、人って残念ながら慣れていく生き物ですから。暴力は一度自分に許可を出してしまうと、それが当たり前になってしまって、だんだん暴力を振るっていることに感情が動かなくなります。そうすると次はいろんなことがエスカレートするんですよ。暴力もどんどんエスカレートしていく。
子どもだって、最初は当然いっぱい抵抗を示すんですけど、そのうち暴力を振るわれることに慣れてしまいます。諦めてしまう。そうなるともう何がおかしいことか誰もわからなくなる状態に陥ります。虐待の相談で「何が普通かわからない」という話は多いです。

横山　それが当たり前だと思ってしまうと難しいですよね。そこをどうしたら気づいていけるのかというと、やはり「つながり」ということになるのだと思います。

6 なんで「トイレで出産」なんてことが起きるの？

辻先生　予期しない妊娠が大きな原因。いろんな理由があるけれど、人工妊娠中絶には安くても10万円程度のお金がかかります。それが用意できなくてどうしようと言っている間に妊娠中期に入ります。妊娠中期に入ったら一気に30万円くらいに跳ね上がるんですよ、死産させるから。すると、もっとお金が用意できない。そういう間に妊娠22週を超えたら、そもそも中絶は法律で禁止されていて産むしかなくなります。まるで女性一人が罰ゲームを受けているみたい。レイプだったら女性は被害者なのに、追い詰められて出産して子どもを殺してしまったら今度は犯罪者になります。この国は予期しない妊娠をした人が安心安全に出産できる状況ではありません。トイレで出産しなきゃいけないような国にしてしまっている私たち一人ひとりが恥ずかしいと思った方がいい。トイレで出産してしまう人を責めるんじゃなくて、一人ぼっちで出産しなきゃいけないくらい何もかも一人で抱えて、出産という命にかかわる大事なことをトイレでさせてしまう情けない国だと思ったほうがいい。その社会を作ってきたのは私たち一人ひとりだから、全員が共犯者です。

町田　そういう事情があったんですね。耳が痛いです。トイレで出産って、私たちの側がちゃんと理解できないことをステレオタイプに当てはめて、レッテルを貼って、それでわかった気になってることって多かったなって思いますね。

7　子ども自身は自分が虐待されてると思わないの?

辻先生　虐待されている子はそれが当たり前の環境なので、まず普通の感覚が身につきにくい状況にはなります。で、暴力が当たり前になると、いじめを受けやすかったりとか、他人に暴力したりとか。当然、暴力を振るうなんて社会ではダメなことで、あなたはダメな子です、みたいな判断をされるので、どんどん生きづらさが高まってしまいます。でも、子どもの行動には必ず理由がある。適切な養育をされてないから適切な人との関係を学んでこなかっただけ。

町田　先程、環境の連鎖というお話がありましたけど、小さい頃からそのようにして子どもが環境的に追い込まれていくことが始まってるんだな、と思うとすごく辛い気持ちになります。そういう状況で子ども自身は親のことをどう思っているんでしょうね。

辻先生　みなさんが「児童虐待」と聞くときは、多くがマスコミで事件が流れたとき。でも、それは私でも年に一度見るか見ないかのレアケースで、極端な例です。1日24時間あるとして、殴ってる時間が30分かもしれない。残りの23時間30分はめっちゃ子どもと楽しく遊んでるみたいな家庭もいっぱいあるんです。だから、「親のこと大好き」「うちの親優しいねん」と口にする子もたくさんいます。子どもにとってはいろんな親の見え方があることを知っておかなきゃいけないし、多面的に人を見なきゃいけません。

横山　ニュースだけ見ていると「虐待する人」みたいな人がいて、自分が住んでる世界とは全然違う世界で児童虐待が起きてるんだなって感じに受け止めがちというか、私も最初はそういう形でしか理解ができなかったところがありました。

8 虐待された子どもに私たちができることって何？

辻先生　虐待された子に対して全員に大事にしてほしいのが、子どもの訴えを100％そのまま真っ直ぐ受け止めることです。虐待を受けてしまった子どもにいつも言われるのが「信じてもらわれへん、大人たちに」って。子どもが訴えたことは、嘘でも何でもまずは受け止める。その次に、そこに自分の感情を乗っけないこと。何も足さず何も引かず、ちゃんと受け止める。子どもが苦しんでいるのに、勝手にこっちが泣き出したりとかも、いい迷惑です。子どもの感情を大事にしてあげてほしいです。議員さんって思いが真っ直ぐで熱い人が多いんです。だから、突っ走ってしまう人がたくさんいます。でも、子どもが望んでないことは絶対しないっていうのをお願いしたい。そのまま受け止めて一緒に考えてあげてほしい。子どもに児相に相談したらこういう結果になるかもしれない、でもとにかくあなたを守りたいんだっていう思いを伝える。そこで子どもが拒否するなら、ちゃんと子どもと交渉してほしいです。

横山　わかります。それって子どもだから大人が代わりに判断して勝手に進めるとかじゃなく、ちゃんと一対一の、人対人として、説明するっていうことですね。

辻先生　そうそう。言語化できない年齢の子たちは、もちろん児童相談所に通告っていうのも必要になる場面があるんですけど、いきなりゼロか１００か、白か黒かの判断にはしないということを心がけてほしいです。

9 虐待してしまった親に私たちができることって何？

辻先生　虐待が起きる現場は大抵物質的な何かが足りてないことが多くて、心の問題、精神的な話じゃなくてハード面の話になります。DVを受けていて逃げたいんだけど、居場所がないですとか。これは共感なんかされたところで何の解決にもなりません。物理的に何かしてあげないとっていう家庭が実は多い。だから、ニーズを汲み取ることが大事です。話を聞いて「そうか、つらいね。でも、ごめんな。何もできひんねん」と言われたときの絶望感といったら解消しようがありません。「相談しても結局一緒やん」となるから。

横山　もう本当にギリギリのところで、すぐサポートが必要なのに、相談だけで終わっちゃう。それか、具体的な支援が受けられるまで何日もかかります、とかって行政にありがちですよね。やはり即日対応とかはまだまだ弱いなと思います。

10 私たち自身が虐待をしないためにできることって何？

辻先生　まず一人ひとりが自分のご機嫌ぐらい自分で取ろうぜってことです。自分が健康で、心が元気だったら他人に優しくなれますから。お金、健康、時間の余裕がなくなると心はどんどん狭くなっていく。だから、そこの余裕はみんな持っておいてほしい。そうしたら他人を受け入れるキャパができます。他人に対して優しくなろうと思ったら、自分が良いコンディションじゃないといけません。これは日本人の良くないところやけど、みんなが頑張ってたら自分も頑張らなきゃと、自分の限界を超えて頑張ろうとします。それでもって自分がしんどいから「あいつが楽してる、許せん」って攻撃を始めてしまいます。

町田　本当にそうですね。日本は今ずっと余裕がなくなってきていて、他人のご機嫌取るので精一杯。それで「こんなに自分が頑張ってるのに」って思って、他人のこと許せなかったりする要因はコロナ関連でも多いですよね。みんなコロナで不安になって、他人を攻撃する。互いを監視し合って、「みんな我慢してるんだから」っていうのが日本の美徳みたいに言われてますけど、そういうことをいつまでも言っているからいろんな問題が解決しないんだなって思いました。

横山　児童虐待をなくしていくっていうことと、人権教育と、性教育のつながりみたいなところも少し踏み込んで教えていただけたらと思います。

辻先生　今、虐待の半数以上は心理的虐待と呼ばれるもので、子どもの目の前でパートナーへの暴言や暴力を見せてしまう「面前ＤＶ」が多い。パートナーを一人の「人」として尊重するのではなく自分の思いどおりになる「物」だと勘違いしてしまっています。恋愛は密室の中で起こる裸の付き合いだから、密室で目の前の一人を大切にできる人はどこでも誰でも大切にできる人。恋愛は究極の人権教育なのに、日本は約20年前に性教育バッシングが起こり、国会議員が「行き過ぎた性教育はダメ」「道徳の乱れが治まれば性の乱れも治まる」と性教育ではなくて道徳が教科化された。性＝命につながる話なのに、「寝た子は起こすな」と議論されなかった。昨年度、文部科学省の管轄で「生命（いのち）の安全教育」という名称で包括的な性教育を進めていく方向にようやく舵を切ったところです。それまでも人権は学んできているし、保健体育で生殖の仕組みとかは教わってきたけれど、「性＝命」を大事にすることと結びついてなかった。

そこを包括的にまとめたのが「生命の安全教育」。例えば、大阪市立生野南小学校。「プライベートゾーン」で体について学んだ後は、「レッドハート」、「ブラックハート」を使って心を学びます。心にコップがあるとして誰かに嫌なことをされると、ブラックハートがどんどん溜まっていく。心がブラックハートであふれたら出てくる言葉はブラックになっちゃう。相手にぶつける場合もあれば自分にぶつける場合もあります。「あなたなんて嫌い」「自分なんて嫌い」と。人には喜怒哀楽があるから、ブラックハートが溜まるのは当たり前なので、出し方が大事です。カラオケに行ったらブラックハートが三つ減った、先生に相談したらブラックハートが一気に全部なくなった、とかね。ブラックハートが減ったら今度は心にレッドハートを増やしていく。誰かに優しくしてもらったり、おいしいもん食べたり。心がレッドハートであふれたらまわりの友だちに自然と優しくなれます。

ブラックハートを言語化できると、「ムカつく」ではなく「こういうことをされて嫌な気持ちになった」と説明ができるようになるので、国語科教育と性教育を一緒に進めていくこともポイントです。生野南小学校は「暴力」を「言葉」に変えてきた。言葉を知ることで心の説明ができる。言葉でお互いの思いを伝え合うことができたら、暴力で訴えることがなくなります。生野南小学校は6年間で対人暴力の要医療件数が0件になりました。ＤＶも児童虐待も、困りごとを言語化して誰かに伝えることで一緒に解決することができます。

横山　レッドハート、ブラックハートの話はすごくわかりやすいです。私も朝の駅頭とかでチラシと一緒にレッドハートを配って、みたいなことができたらすごく温かくて優しい地域を作っていけるんじゃないかなって思いました。

町田　いいですね、チラシにレッドハートって。私なんて駅でチラシを配ってるときは大体ブラックハートしか配ってませんよ。みんな全然チラシを受け取ってくれないし。すみません、反省します。それでは辻先生、最後にまとめをお願いします。

辻先生　最後のまとめ、どうしようかな。今までの話を受けて、みんな目指すゴールは一緒かなと思っています。みんな幸せになるために生まれてくるし、幸せになりたくて今、同じ時代を生きてる。だから、責め合ってもしょうがない。責め合うんじゃなくて、今一緒に生きている人同士がどうやったら助け合って生きていけるかっていうところを考えていきたいな、と。連鎖っていうキーワードが最初の方に出たけれども、連鎖するんやったら温もりの連鎖を作ればいいんです。今一緒に生きてる私たちで温かい社会を作って、次の世代にぬくもりの社会を連鎖させていきましょう。

COLUMN

社会福祉士・辻先生に取材して、品川区議会議員・横山が思うこと

品川区議会議員　横山由香理

質問1
虐待って地域性があるの？

辻由起子先生は、次のように答えてくれました。

「地域性・風土・文化は関係します。例えば、大阪は『どつき漫才』など強く突っ込む文化がありますが、今の時代は行き過ぎた暴言や体罰は児童虐待と定義されるため、文化と思っていたら児童虐待だったということがあります。また閉鎖的で、三世代住居がたくさんあるような地域では、家の恥は外には見せず、世間体を気にして隠す人もいます。親が子どもを殴るのは、しつけの一環といった風土・文化の中で体罰が容認されていると、相談をしても、それぐらい当たり前のことで、あなたが我慢しなさいと言われて、件数に上がってこないこともあります。一方、研修や啓発によっても件数が変わることをこの10年間で実感していて、今まで見過ごされていた虐待に気がつく人が増えたように思います」

この発言に大和市議会議員の町田れいじさんはこう続けました。

「児童虐待に対する理解が広まるのは良いけれど、これまで普通に行ってきた『しつけ』まで虐待となったため、件数が増えただけで、虐待そのものは増えていないという意見や、虐待ということになると親が『私は虐待した人間だと思い込んでしまって、子育てが難しくなる』という意見もあります」

すると、辻先生が子どもの体罰禁止をめぐる世界の流れと日本での経過を説明してくれました。

「約2年前、児童虐待防止法改正のときにその議論になりました。しつけ＝体罰＝愛だという意見もありました。子どもに対する愛情を虐待だと言われたら、社会からしつけがなくなって、子どもがどんどん悪くなるという意見もありました。実際、民間団体によるアンケート（注1）では、子育て中の家庭において、しつけの一環として体罰を使ったことがあるという回答が約7割でした。だから、文化や価値観を変えていかなきゃダメです。愛があるから叩いてるって言うけれど、子どもにとっては迷惑な話で、愛と感じていない子どももいっぱいいます。子どもは人格を持った一人の人間で、たとえ親子であっても、親の所有物ではありません。他人同士だったら犯罪になることが、親子なら許されるというのは大人の慢心です。今は世界59か国で、子どもへの体罰が法的に禁止されています。子どもを中心に考えたとき、親の都合や感情で殴られるのは、子どもの人権を無視しています。日本でも、児童虐待防止法・児童福祉法の改正で体罰禁止を取り入れました。国会では当初、虐待罪を創設して虐待する親を取り締まれば虐待がなくなる、という意見もありましたが、議論が深まるにつれ、虐待問題を根本的に解決するには、大人が子どもの人権をきちんと理解して、体罰によらない子育てを社会全体で広めていきましょう、という結論になりました。福井大学の友田明美教授の研究でも、子どもの頃に、しつけと称した体罰や暴言を受けた子は、大人になって脳が萎縮・肥大化して、本来の脳機能の働きを取れなくなるという結果が出ました（注2）。科学が証明したので、子育てに体罰はいらない。今、大人が意識を変えなきゃいけない時代に入りました」

私も、議員になった当初は「罰があった方が効果的なのではないか？」と考えていたことを思い出しました。知れば知るほど、根本的な解決にはならないと理解しました。

ここで、町田さんの感想をご紹介します。

「知るって本当に大事ですね。例えば、連鎖という言葉が属人的に使われてしまうと、被害者である虐待された人を加害者にしてしまい、加害者というレッテルを貼ってしまうことにもつながります。愛や母性は『根性論と変わらないのではないか？』ということにも気づかされました。多くの人たちが言語化し、なんとなく普通に流れていってしまっていたものに対し、ふと立ち止まって『これはどういう意味なんだろう？』って考えることが、すごく大事だと思いました」

次の話題に進む前に、私から、日本の子育てとしつけの歴史について聞きたいとリクエストしました。以前、その話を聞いたとき、すごくホッとしたことを思い出したからです。辻先生はいつもの笑顔で、穏やかにこう教えてくれました。

「歴史的なイデオロギーや政策的な部分は大きいと思います。日本は戦争を経験した国なので、『男性は泣き言を言わない』などのジェンダー観が広がり、女性は男性を支える、女性に参政権が与えられなかった、女性が虐げられてきた制度・文化・政策的な流れがありました。この話は、政党やイデオロギーなど、議論が膨らむところなので、誤解を受けやすい部分があり、普段はあまり話しません。明治時代に男性中心の社会や政治が作られました。女性が参政権を得た後も、近代社会の基礎は当時の男性が作ったため、母親が家庭で愛情を持って子育てをするという母性神話に行きつきました。その時代を生きた人たちにとっては、それが自分のアイデンティティーになるので、そのやり方を否定されると、自分の生まれ育ちを否定されたような気持ちになり苦しくなってしまいます。家父長制では家単位で考え、家単位で税金を納め、家父長が家族の身分管理と統制を行っていました。戸主は男性で、家を支えるのが女性の役割で、さらに母性を求められました。家父長が黒って言ったら白でも黒です。女性にとっては、息苦しくて仕方がありません。多くの人は自分が育った環境で子育てを学び、そのやり方を次世代に引き継ぎます。団塊世代が家父長制を土台とした子育てのやり方を引き継ぎ、団塊ジュニアの私たちが、同じくその子育てを引き継ぎました。でも今、情報社会になり、いろいろな情報が入ってきたときに『あれ？　親のやってたことってもしかして虐待？』とか、『これっておかしいことなの？』とその疑問を調べることができるようになりました。今の子育て世代は、おかしいことに対して声をあげられるようになりましたが、政治の実権を握る高齢者が、『古き良き時代』のやり方を持ち込むと、現役世代がしんどくなります。時代とともに変化していることを、私も含めてみんなが知っておかなければいけません。私も平成5年に子どもを産んでいます。平成5年の子育てと令和3年では、全然違います。自分の子育てを持ち出してはいけないといつも思っています」

私は平成16年に出産をしました。同世代の人たちが、今まさに子育てを頑張っているところですが、平成と令和の

社会福祉士・辻由起子先生（中央）の取材の様子。品川区議会議員・横山由香理（右）と大和市議会議員・町田れいじ（左）が児童虐待に関する話を聞きました。（撮影＝毛塚亮一）

子育ては変わっていると思うので、自分と同じではないし、今の方が大変な環境になっていると感じています。

また、辻先生は、母子手帳が変化を捉えやすいのだと教えてくれました。

「私が赤ちゃんだった頃の団塊世代の母子手帳には、添い寝は禁止とか、抱き癖がつくので抱っこをし過ぎてはいけないとか書いてありました。団塊世代はそれが正しいことで、子どもが立派に育つために必要なことだと信じていました。今だと、それはネグレクトですよね。令和3年の子育ては、泣いたときにはアタッチメントの形成のため、スキンシップが大事だと言われます。すると、団塊世代が今の子育てをしている人を見たときには『今の親は甘い』という議論になってしまいます。母子手帳を見ると、その時代が見えます」

子育ては、その時々によって変わります。親の世代、祖父母の世代の子育てとは違うので、私も悩みました。全世代の人にとって、子育てがアップデートされている訳ではありません。自分の子ども世代、孫の世代では、環境が変化し、考え方や知識などが新たにわかってくることがありますが、社会全体がアップデートされないために、いろいろな弊害が起きているのではないでしょうか。

引き続き、「児童相談所が増えても虐待が減らないのはなんで？」「最近の親って甘えてる？」をご紹介します。

残念ながら文字数の関係で感想を中心にお伝えせざるを得ません。第3章も大幅にカットして要約した内容になっていますが、機会があればいつか何らかの形で、全編をお届けしたいと考えています。

質問2 児童相談所が増えても虐待が減らないのはなんで？

カルピス理論（辻先生の持論）です。カルピスは適切な濃度で飲むからカルピスだという話で、薄めると、ただの水です。虐待には、親子関係だけでなく、DVや家庭を取り巻く環境など、さまざまな課題が凝縮されています。そこをコーディネート、改善していく非常に人間力を試される仕事なので、専門職としてのプロ集団を育てるためには、お金をかけるだけではできず、児童相談所を増やすだけでは虐待は減りません。

町田さんからは、こんな感想が出ました。

「カルピス理論はわかりやすいですね。昔に比べて、少しずつ改善されてきているとは思います。しかし、根本原因というか、川上川下で言ったら川上のアプローチができていないのは、そのとおりで、壊れた蛇口から出ている水をバケツで受け続けて、すぐいっぱいになっちゃうから、いくらあってもバケツが足りないし、最近そのバケツも小さくなってきて、どうしようもない状態なのは、見れば誰しもがわかります。蛇口を直すことが、これからのテーマだと教わりました。この本全体のテーマもそういう内容になっていると思います。そこにアプローチをしないで、わかりやすい児相の数、職員数、相談件数に目が行きがちなので根本が大事だと思いました」

質問3 最近の親って甘えてる？

現在は少子高齢社会で、以前とは時代背景が違います。「制度が増えたから子育てが楽になったというのは、実際に助かっている方がいらっしゃるので事実です。ただ、全員に当てはまる訳ではないこともまた事実です」という辻先生の一言が印象的でした。

祖父母世代の過去のイメージでは、子育てをしながら貯金ができるかもしれませんが、今は給料の約4分の1が税金・社会保険料でなくなる時代。夫婦共働きで、やっと平均的な暮らしが営めるという状況なのです。

お話を聞いて、子育て中とか、これから子育てをしたい方々に向けて、辻先生にお言葉をいただきたいと私は考えました。

「子育てを通して、私が一人で生きていたら出会わないようなまったく違う世界の人たちと出会うことができました。子どもとの関係は絶交ができないので、必然的にその先にいる人ともかかわりが生まれます。そして、私の人格を徹底的に磨いてくれたのは、子どもでした。ものすごく人間の幅が広がりました。子育ては人生を豊かにしてくれます」

町田さんは、こんなお話をしてくれました。

「私も年配の人たちに、最近の人は自分が一番可愛いから子どもを生まないとか、子育てができないと言われます。辻先生に教えていただいたとおり、現在は税金や年金などが上がっているし、雇用も不安定で収入は上がりません。社会全体の問題だということを、私たち議員も丁寧に説明したいと思いました。そこに分断や各々の立場の孤立があるのでもっとつないでいきたいですし、自己中心と言われて苦しんでいる保護者の皆様にも『そうじゃない』と伝えたいです」

私は、辻先生が辻先生でいるのは娘さんがいるからこそだと感じています。自分自身に置き換えて考えても、娘が私のことを一番よく理解していると思います。40歳の私は、自然と過去の成功体験に向かってしまいそうになるときがあります。時代や環境の前提条件が昔とは変わっているのに同じことをしてうまくいくとは限りませんが、そんなとき、娘はさりげなく助言をくれて、子育ては自分自身に返ってくるのだということに気づかせてくれています。

注1＝「セーブ・ザ・チルドレン調査（2018年）」
https://www.savechildren.or.jp/scjcms/press.php?d=2658

注2＝友田明美教授
https://tomoda.me/staff/tomoda.html

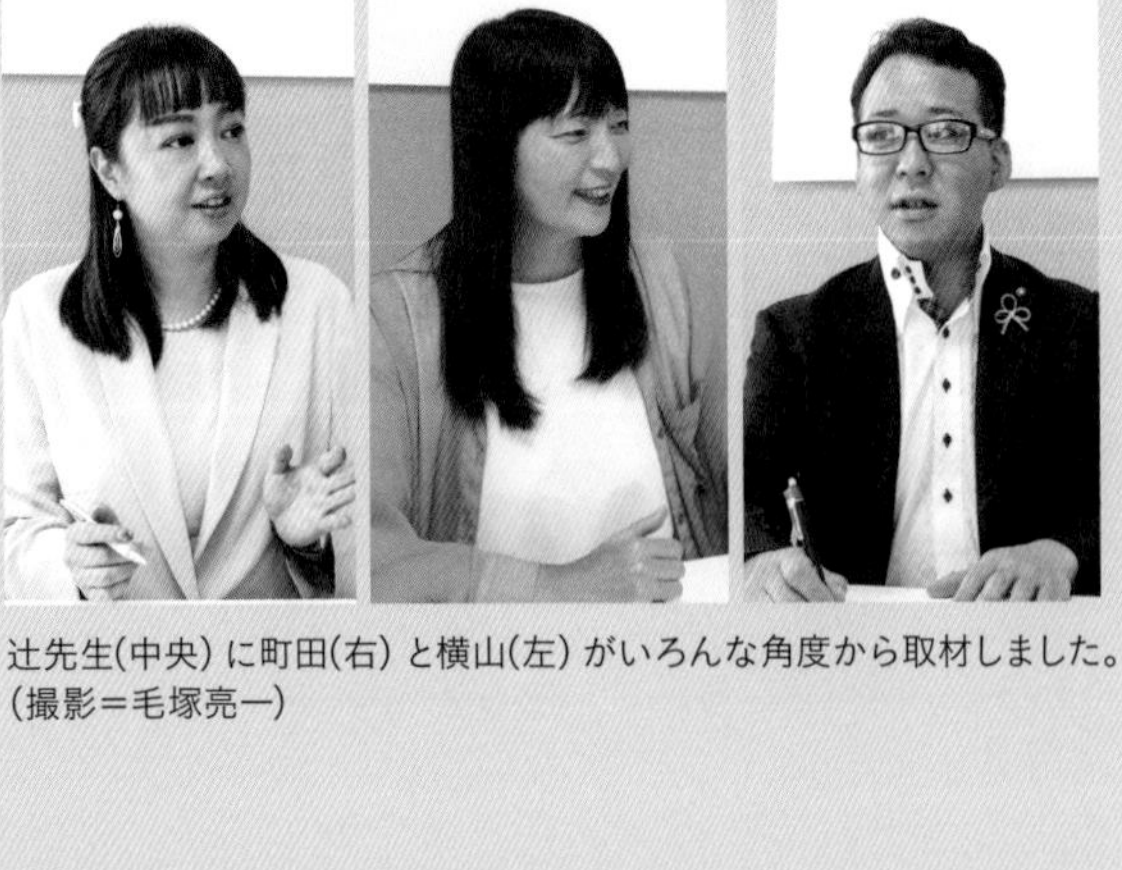

辻先生(中央)に町田(右)と横山(左)がいろんな角度から取材しました。
(撮影＝毛塚亮一)

参考文献

●たぞえ 麻友
・『結愛へ 目黒区虐待死事件母の獄中手記』(小学館/船戸優里)
・『ステップファミリー 子どもから見た離婚・再婚』(角川新書/野沢慎司・菊地真理)

●東 友美
・子ども虐待による死亡事例等の検証結果等について/第16次報告
(社会保障審議会児童部会児童虐待等要保護事例の検証に関する専門委員会/令和2年9月)
・『「若者の性」白書:第8回青少年の性行動全国調査報告』
(小学館/一般財団法人日本児童教育振興財団内 日本性教育協会編)
・『国際セクシュアリティ教育ガイダンス【改訂版】——科学的根拠に基づいたアプローチ』
(明石書店/ユネスコ編/浅井春夫、艮香織、田代美江子、福田和子、渡辺大輔訳)

●矢口 まゆ
・『ネウボラ フィンランドの出産・子育て支援』(かもがわ出版/髙橋睦子)
・『フィンランドのネウボラに学ぶ 母子保健のメソッド 子育て世代包括支援センターのこれから』
(医歯薬出版/編著=横山美江、Hakulinen Tuovi)

●松本 みつひろ
・「平成29年度子ども・子育て支援推進調査研究事業多胎育児家庭の虐待リスクと
家庭訪問型支援の効果等に関する調査研究」(厚生労働省)
・「多胎児家庭の育児の困りごとに関するアンケート調査」
(多胎家庭のサポートを考える会)

●古池 もも
・『シングルマザーの貧困』(光文社新書/水無田気流)
・『「子どもの貧困」を問いなおす　家族・ジェンダーの視点から』
(法律文化社/編集=松本伊智朗)
・『子どもに貧困を押しつける国・日本』(光文社新書/山野良一)
・『月刊福祉』/2021年6月号(社会福祉法人全国社会福祉協議会)
・MSDマニュアル家庭版「小児に対するネグレクトと虐待の概要」
https://www.msdmanuals.com/ja-jp

●横山 由香理
・「報告書『子どもの体やこころを傷つける罰のない社会を目指して』
発表ー国内2万人のしつけにおける体罰等に関する意識・実態調査結果ー」

(セーブ・ザ・チルドレン)

https://www.savechildren.or.jp/scjcms/press.php?d=2658
・友田明美教授
https://tomoda.me/staff/tomoda.html

東京都議会議員（昭島市選出）

内山《うちやま》 真吾《しんご》

https://www.facebook.com/akishima.uchiyama/

https://twitter.com/boxer_shingo

1980年生まれ。東京都出身。日本体育大学在学中にボクシングプロライセンスを取得。卒業後、野外教育の勉強のため、1年間カナダへ。帰国後、NPOを立ち上げ、移動教室などでの野外教育プログラムを企画、指導。チームづくりを通して、いじめや不登校、学級崩壊などの課題と向き合って成果を出す。教育現場に立ちながら、2011年より昭島市議会議員（2期6年）、2017年より東京都議会議員（現在2期目）。昭島青年会議所2019年度理事長。

目黒区議会議員

たぞえ 麻友《まゆ》

●公式 HP
https://www.mayutazoe.com/

https://twitter.com/mayutazoe

1982年生まれ。東京都出身。2015年、2019年に目黒区議会議員に当選。スローガンは「子育てをこころから楽しめる社会を！」。政治信条は「対話とテクノロジーで課題を解決し、未来を導く」。小中学生3人の子どもを育てながら議員として奮闘中。2020～2021年度「東京若手議員の会」代表。政策実現できる女性議員のネットワーク「WOMAN SHIFT」運営。力を入れている政策は、子育て支援、ICT推進と行政改革、持続可能な社会（環境問題、財政、防災）。

町田市議会議員
東《ひがし》 友美《ともみ》

●公式 HP
https://higashi-tomomi.com/

https://twitter.com/
higashi_machida

1984年生まれ。岩手県出身。東京農業大学農学部卒。5歳より町田市山崎団地在住。母子家庭育ち。虐待サバイバー。中学生のときにいじめに遭う。人間不信に陥ったが、母の死後世界一周を経験、人生観が変わる。これまでに30か国以上を訪れ、複数の貧困国での子どもやインフラ、環境に関するボランティアに従事。当選後は女性が議員に立候補・継続しやすい環境づくりを訴え、「スッキリ」（日テレ）、「news23」（TBS）、「グッとラック!」（TBS）など多くのメディアに出演。

町田市議会議員
矢口《やぐち》 まゆ

●公式 HP
https://yaguchimayu.com/

https://twitter.com/
machida_mayuyu

1989年生まれ。北海道出身。東京製菓学校第一部和菓子本科卒。和菓子製造、法人開発営業など民間企業にて勤務。25歳で第一子を出産。子育てをきっかけに政治や行政への不信感が止まらなくなる。誰もやらないのなら私がやろうという単純な動機から、28歳で市議選に初出馬し当選。2018年より町田市議会議員（無所属）。関東若手市議会議員の会「児童虐待防止プロジェクトチーム」現副座長。子どもの事故予防地方議員連盟の発起人で、現幹事長。

多摩市議会議員

遠藤《えんどう》 ちひろ

●公式 HP
https://www.e-chihiro.com/

f
https://www.facebook.com/
endochihiro.tamacity

1976年生まれ。茨城県出身。早稲田大学政治経済学部卒。在学中に人材ベンチャー企業を立ち上げ、卒業後も9年間経営に携わる。2010年の多摩市長選挙は次点、翌年の多摩市議会議員選挙にトップ当選し、3期連続当選。せいせき多摩川花火大会実行委員、多摩青年会議所理事長など地域活動にも取り組んでいる。著作に『市議会議員に転職しました。』（小学館／共著）、『暮らしの中で「使える」政治』（游学社）など。

中野区議会議員

石坂《いしざか》 わたる

●公式 HP
https://ishizakawataru.jp/

f
https://www.facebook.com/
ishizakawataru/

1976年生まれ。東京都出身。修士＝社会デザイン学（立教大学）。旭出養護学校教諭、豊島区立教育センター特別支援教育巡回指導員などを経て現職。ゲイ当事者であることをカムアウトした初選挙で落選し、2011年に初当選。以後連続3期当選。生活困窮で住まいを失ったLGBTの支援ハウス（シェルター）を地域活動の中で仲間と設立。行政書士・精神保健福祉士として、知的障がい者の成年後見や触法精神障がい者の司法ソーシャルワークの分野で現役活動中。

杉並区議会議員

松本《まつもと》 みつひろ

●公式 HP
https://matsumotomitsuhiro.com/

https://www.facebook.com/
mitsuhiro.matsumoto.suginami

1983年生まれ。埼玉県出身。早稲田大学法学部卒業後、リクルートに入社して「SUUMO」で9年間、その後「カカクコム」「ソリトンシステムズ」とIT企業の営業部門を歴任。2019年5月に杉並区議会議員（1期）に当選し、2021年度保健福祉委員会の副委員長を務める。2018年生まれの双子男児と妻との4人暮らし。東京若手議員の会・副代表（性教育・不妊治療プロジェクト担当）、東京維新の会事務局長。趣味は料理。

品川区議会議員

横山《よこやま》 由香理《ゆかり》

●公式 HP
http://yukariyokoyama.jp/

https://twitter.com/
yokoyamayukari_

1981年生まれ。東京都出身。一児の母。アメリカ合衆国オクラホマ州立Sayre High School卒業、東京都立日比谷高等学校卒業、慶應義塾大学通信教育課程文学部第III類に在学中。関東若手市議会議員の会「児童虐待防止プロジェクトチーム」初代座長、世界と繋がる実行委員、親子・子育て応援ラボ発起人。地方監査会計技術者（CIPFA Japan)、小学校英語指導者資格、剣道2段取得。2014年・2015年に品川区議会議員に連続トップ当選、現在3期目。2021年5月より品川区監査委員。

大和市議会議員

町田《まちだ》 れいじ

●公式 HP
https://reiji.info/

f
https://www.facebook.com/reiji.machida/

1980年生まれ。神奈川県出身。地元の中学校を卒業後、高校3年間をニュージーランドで過ごす。武蔵大学社会学部卒。私立幼稚園勤務を経て、2011年の大和市議会議員選挙に初当選し、3期連続で当選。スローガンは「いっしょに生きよう、明るいみらい」。関東若手市議会議員の会副会長。ボーイスカウト指導者、横浜YMCA常議員など地域活動にも取り組む。専門政策は教育改革、こども・子育て施策、防災・減災など。

豊橋市議会議員

古池《ふるいけ》 もも

●公式 HP
https://momonokai.jp/

f
https://www.facebook.com/momoXkai

1983年生まれ。愛知県出身。多摩美術大学芸術学部卒。中小企業でデザイナーとして働く。社会から女性役割を求められることに課題を感じ、2019年に初出馬。「リアルタイムで子育てしている働く母親の声が政治に必要だ」と訴えてトップ当選。スローガンは「社会のバイアスに気づこう、バイアスを考えよう」。性別役割による若者の生きづらさ解消のためLEAN IN Toyohashi、理工系を目指す若者をエンパワーする『わたし、理系で何学ぼう?』などを運営。

●公式 HP
http://www.isesaki-eriko.com/

伊勢崎市議会議員
小暮《こぐれ》 笑鯉子《えりこ》

1976年生まれ。群馬県出身。東京女子大学数理学科卒。IT大手企業を結婚退社後、故郷で不動産会社に勤務。現在、4人の子どもを持つシングルマザーとして、伊勢崎市議会議員2期目。副業として、不動産会社を立ち上げ、美容と予防医学製品の代理店経営もこなす。ぐんま女性議員政策会議書記／NPO法人群馬県食育協会評議員／群馬県倫理法人会副幹事長

おわりに

コロナ禍によって、さまざまな環境が変わってきました。

感染拡大防止と経済を回していくことのバランスをどう取っていくか。飲食店への支援をどうするか。東京オリンピック・パラリンピック後をどうするか。ワクチンの接種をどうするか。どれも大切な問題です。

しかし、光が当てられている分、議論や支援の俎上に乗ることができている問題でもあります。

子どもたちはどうでしょうか?

3ヶ月半の臨時休校や、学校行事の中止、日常的な学校生活においても、子どもたちはさまざまな制限を受けながら過ごしています。発育発達段階にある子どもたちですから、大人以上に影響を受けているとも言われています。

子どもの周囲にいる大人もコロナ禍によって仕事に影響が生じ、ストレスを抱えている人が増えています。それは間違いなく、さまざまな形で子どもたちにも伝わっています。そういった中で、虐待やDV、未成年の自死（自殺）も増えてしまっています。しかし、残念ながら、子どもたちへの新たな支援はほとんどありません。

コロナ禍で、虐待が増えてしまっている状況で何かできないか。

それが「このPTの有志で本を出版しよう」となった最初のきっかけでした。まずは、同じ地方議員の方々に読んでもらいたい。そして、児童相談所を持たない市区町村でも、子どもたちを取り巻く環境を変えていくことで、虐待をなくしていくことができるという「自分たちの可能性」に気づいてもらいたい。

また、市区町村の役所職員や教育委員会、学校関係者の方々、子どもに関係するすべての方々に読んでもらいたい。児童虐待という切り口を通して、子どもたちが置かれているさまざまな（時に私たちの想像をはるかに超える）環境に思いを致すことで、子どもたち

への アプローチが変わったり、一見関係のないような取り組みにも、児童虐待防止に資する取り組みになったりすることがある、ということに気づいてもらいたい。

私たちだけで取り組むのではなく、多くの方々とともに歩みを進めていきたいという意味では、クラウドファンディングを活用した出版はまさに理想的な形でした。

しかし、今回全員が初めてのチャレンジの中で、不安を抱えながらも何とか出版まで漕ぎ着けることができたことは、クラウドファンディングで応援をしてくださった皆様をはじめ、本を買ってくださった皆様、さまざまな形でご協力をしてくださった皆様、私たちのさまざまなオーダーに最後まで付き合ってくださった「けやき出版」の皆様など、本当に多くの方々のご協力があってのことです。

ＰＴを代表して心から感謝を申し上げます。

私たちは、「児童虐待防止」というＰＴ名に常々疑問を持ち続けてきました。それは、私たちが目指していることは、「児童虐待防止」ではなく、「子育て支援」や「子育て環境の整備」を進めていくことで、「子どもたちや、子どもたちの周囲にいる人たちが笑顔で、幸せにいられるようにしたい」ということだからです。(でも、現実は「児童虐待を防止する」という、シンプルでわかりやすいネーミングにいまだ負けてしまっています…)

虐待は、どの家庭にも起こり得ることであるからこそ、すべての子どもたち、子育て世帯への支援や環境の整備をしていかなくてはなりません。そしてそれは、子どもたちの学びや育ちの土台を作り、やがては未来の日本を作っていくことにつながっていきます。

コロナ禍でも、超高齢社会でも、「子どものことはとりあえず置いておいて」ではなく、まずは子どものことを考える社会を作りましょう。すべてはそこから始まります。

子どもたちの笑顔と幸せのために。

そして未来の日本のために、今ここから。

最後までお読みいただき、ありがとうございました。

児童虐待防止プロジェクトチーム座長

東京都議会議員　内山真吾

クラウドファンディング支援者の皆様

書籍の発行にあたり、クラウドファンディングを行い、
139名の方から計182万円ものご支援をいただきました。
支援金は出版費用に充当いたしました。
ご支援いただいた皆様、本当にありがとうございました。

有限会社 飛沢電工　飛沢祐二

金村龍那

織茂信尋

昭島青年会議所

高戸友子

日惠野貴之

小林眞澄	真柄圭佑	三原卓也
笠谷圭司	酒本智矢	小林あすか
早川喬俊	しほママ	中村和彦
マタニティを応援する男	のぶ	三次ゆりか
小林達也	田中崇彦・薫	三重野玉江
宗像大介	谷川貴秀	保坂有真
塩澤正徳	﨑田恭平	川端航
石橋林太郎	尾島紘平	へのかっぱ本舗
藤條たかゆき	藤田悦子	村瀬きくいちろう
Miho takubo	こまざき美紀	川本真治
藤原緑郎	かじがや優香	野口哲也

子どもの虐待はなくせる!
「安心して子育てができる社会」を考える

2021年10月8日　初版発行

著者　関東若手市議会議員の会　児童虐待防止プロジェクトチーム内　書籍プロジェクトチーム
発行者　小崎奈央子
発行所　株式会社けやき出版
〒190-0023　東京都立川市柴崎町3-9-6高野ビル1F
TEL　042-525-9909　FAX　042-524-7736
https://keyaki-s.co.jp

デザイン・DTP・イラスト　ササキサキコ
編集　木村志津子（けやき出版）
木之下潤
印刷　株式会社サンニチ印刷

ISBN 978-4-87751-615-4 C0037